EBS

왕초보영어 ²⁰¹⁹
하편

하루 30분 따라만 해도 영어로 할 말 다 한다

EBS미디어 기획 · **마스터유진** 지음

서울문화사

효과적으로
《EBS 왕초보영어 2019·하편》을
활용하는 방법

얼핏 보면 다 아는 단어고 학창시절에 배운 단어인
데, 막상 영어로 한마디 하려면 입 한 번 떼기 어렵죠? 이 책은 그런 왕초보들을
위해 만들어진 기초 영어회화 프로그램 'EBS 왕초보영어'의 학습을 돕기 위한
것입니다. 총 4개의 Step으로 이루어져 있으며, 각 Step마다 초보자들이 자신
감을 가지고 재미있게 학습할 수 있도록 구성되었습니다. 무엇보다 우리 생활
과 밀접한 가정, 일상, 쇼핑, 식당, 여행을 주제로 하여 알아두면 언제든지 유용
하게 사용할 수 있도록 했습니다. 각 대화의 한글해석이 의역이 아닌 직역일 때
는 조금 어색하게 느껴질 수도 있습니다. 하지만 이는 더욱 효과적인 학습을 위
해 계산된 부분입니다.

자, 각 Step별로 어떻게 활용하면 좋을지 알아볼까요?

● **STEP 1**은 전체 대화를 듣고 빈칸을 채우는 단계입니다. 모르는 단어라도 빈칸을 그냥 비워두지 말고 들리는 대로 한글로라도 최대한 채워보세요.

● **STEP 2**는 빈칸의 단어를 확인하고 예문을 통해 익히는 단계입니다. 단어의 뜻만 외우는 것보다 문장 내에서 그 단어가 어떻게 쓰이는지를 이해하는 것이 훨씬 중요하답니다. 해당 단어로 최소 2문장 이상 영작해보세요.

● **STEP 3**은 방송 내용을 적고 적극적으로 참여하는 단계입니다. 이미 배워서 알고 있는 표현이라도 새로 배운 듯 다시 적어보세요. 이렇게 직접 적어보는 행동 자체가 뇌에 신호를 보내며 강력한 반복 및 강화훈련이 된답니다. 특히 참여를 요할 때는 반드시 큰 목소리로 자신감을 가지고 참여하세

요(입영작). 그리고 각 문장 아래 정리해둔 핵심패턴에 특히 집중하세요. 예문을 보고 해당 패턴 및 어휘의 사용법을 이해하고, 최소 5개 문장 이상 영작해보세요.

● **STEP 4**는 응용 문장을 손으로 영작하고(손영작), 입으로 영작해보고(입영작), 반복하여 낭독해보는(반복낭독) 단계입니다.

❶ 손영작
- 해당 에피소드에서 다룬 핵심표현을 응용한 문장들입니다.
- 모르는 단어는 사전을 활용해도 좋습니다.
- 손영작은 스피드가 생명입니다. 최대한 빠른 속도로 영작하세요.
- 틀리는 것에 두려움을 갖지 마세요. 틀려야 실력도 늡니다.

❷ 입영작

- 손영작의 정답을 맞춰본 후 이번엔 입영작에 도전해보세요.

- 입영작은 자연스러움이 생명입니다. 큰 목소리로 연기하듯 실감나게 도전해 보세요.

- 손영작과 달리 천천히 해도 됩니다. 이번에도 틀리는 것에 두려움을 갖지 마세요. 하지만 작은 목소리로 어색하게 말하는 것은 절대로 안 됩니다. 자신감을 가지세요!

❸ 반복낭독

- 전체 대사를 5회 이상 실감나게 낭독해보세요.

- 주변 사람들과 스터디를 구성해 상대방과 파트를 나누어 연기해보면 훨씬 더 효과적입니다.

차례　　이 책을 읽는 독자들에게　　　　　　　　　　　• 괄호는 방송 회차

DAY1 · 그것들 분리해야 해요 (963회)

DAY2 · 돈을 보내러 왔는데요 (964회)

DAY3 · 이거 큰 사이즈인 거 확실해요? (965회)

DAY4 · 각각 10달러씩 청구할게요 (966회)

DAY5 · 지금 체크인해도 되나요? (967회)

DAY6 · 좀 봐주세요! (968회)

DAY7 · 오늘 안 나가서 다행이네 (969회)

DAY8 · 이 선물 상자는 얼마예요? (970회)

DAY9 · 웨이터에게 현금으로 팁을 주고 싶어서요 (971회)

DAY10 · 이 주위에서 빨간색 파우치 보신 적 있나요? (972회)

DAY11 · 철 좀 들어라 (973회)

DAY12 · 당신 20살 같아 보여요 (974회)

DAY13 · 언제 구할 수 있을까요? (975회)

DAY14 · 넌 왜 추석이 좋아? (976회)

DAY15 · 일 때문에 못 가 (977회)

DAY16 · 찾는 사람이 임자야! (978회)

DAY17 · 대단한 일도 아닌데요 (979회)

DAY18 · 이 재킷 완전 제 스타일이네요! (980회)

DAY19 · 줄이 긴 게 당연하네요 (981회)

DAY20 · 이 브로슈어들은 뭐예요? (982회)

DAY21 · 그만 쿵쾅거려라! (983회)

DAY22 · 그건 불가능해! (984회)

DAY23 · 매일 몇 시에 닫으시나요? (985회)

DAY24 · 포크 좀 가져다주실 수 있을까요? (986회)

DAY25 · 여쭤봐서 다행이네요 (987회)

DAY26 · 가서 인사하는 게 좋겠네요 (988회)

DAY27 · 필라테스 레슨 등록하러 왔는데요 (989회)

DAY28 · 조카에게 완벽히 맞을 거예요 (990회)

DAY29 · 저 그거 버렸는데요 (991회)

DAY30 · 이거 그냥 선물인데요 (992회)

DAY31 · 학교에서 즐거운 시간 보내렴! (993회)

DAY32 · 친구가 9D에 살아요 (994회)

DAY33 · 오, 서두르는 게 좋겠네요! (995회)

DAY34 · 그거 홀밀크였어요 (996회)

DAY35 · 아, 그래서 그렇구나! (997회)

DAY36 · 무슨 특별한 일 있어요? (998회)

DAY37 · 그거 완전 유행 지난 거야 (999회)

DAY38 · 저한테 잔돈 잘못 주신 거 같은데요 (1000회)

DAY39 · 그냥 제 주문 취소해주세요 (1001회)

DAY40 · 소풍을 위한 완벽한 날씨잖아 (1002회)

DAY41 · 자기 아빠랑 똑같다니까 (1003회)

DAY42 · 재미있을 거 같은데! (1004회)

DAY43 · 줄무늬 셔츠 입은 저 남자분이요 (1005회)

DAY44 · 그거 오렌지주스였나요? (1006회)

DAY45 · 전 통로 자리를 선호해요 (1007회)

DAY46 · 너 저녁식사로 브로콜리를 원하나 보구나 (1008회)

DAY47 · 뭐라도 작성해야만 하나요? (1009회)

DAY48 · 이거 바꿔주실 잔돈 있나요? (1010회)

DAY49 · 어떤 종류의 전화기를 가지고 계시죠? (1011회)

DAY50 · 도와주세요 (1012회)

DAY51 · 너 누나랑 화해했니? (1013회)

DAY52 · 이 보험 카드에 증권 번호가 있어요 (1014회)

DAY53 · 디자인도 엄청 마음에 드네요 (1015회)

DAY54 · 무설탕 아이스크림이 뭐예요? (1016회)

DAY55 · 여기 연세 있는 분들이 계신데요 (1017회)

DAY56 · 너한테 소리 질러서 미안해 (1018회)

DAY57 · 살펴봐주실 수 있나요? (1019회)

DAY58 · 여쭤봐서 참 다행이네요 (1020회)

DAY59 · 정하지를 못하겠어 (1021회)

DAY60 · 감자칩도 좀 주세요 (1022회)

DAY61 · 그거 너무 낡았어요 (1023회)

DAY62 · 하지만 그걸 교체하는 법을 몰라요 (1024회)

DAY63 · 중간 사이즈 치즈피자 하나 주세요 (1025회)

DAY64 · 오, 군침 돌고 있어 (1026회)

DAY65 · 저 연결 항공편 놓치면 안 돼요 (1027회)

DAY66 · 엄청 큰 가족을 가지셨네요! (1028회)

DAY67 · 그녀는 공인회계사야 (1029회)

DAY68 · 앞 유리도 닦아주실 수 있을까요? (1030회)

DAY69 · 이 레스토랑을 찾아서 행복해요 (1031회)

DAY70 · 방금 파리로 가는 제 비행 편을 놓쳤는데요 (1032회)

DAY71 · 다신 이러지 말거라 (1033회)

DAY72 · 신문에서 입양 광고를 봤어요 (1034회)

DAY73 · 네, 약간 더 둘러볼게요 (1035회)

DAY74 · 대화를 나눌 수가 없어요 (1036회)

DAY75 · 나 다음 달에 미국 방문해 (1037회)

DAY76 · 나 임신 2개월이래요! (1038회)

DAY77 · 다음에 함께할게요 (1039회)

DAY78 · 손님 신용카드가 승인 거절되었습니다 (1040회)

DAY79 · 오늘 너무 많은 카페인을 섭취해서요 (1041회)

DAY80 · 문이 잠겨서 들어갈 수가 없어요 (1042회)

DAY81 · 크리스마스에 뭘 원하니? (1043회)

DAY82 · 그래서 이 파카를 산 거야 (1044회)

DAY83 · 어린이용 스노보드 있나요? (1045회)

DAY84 · 달콤한데 너무 달지는 않네요 (1046회)

DAY85 · 투어를 위해 뭐가 필요한가요? (1047회)

DAY86 · 잠자리에 들 시간이야 (1048회)

DAY87 · 오늘 밤에 뭐 하니? (1049회)

DAY88 · 어서 선물을 열어보렴 (1050회)

DAY89 · 당연히 그걸로 할게요 (1051회)

DAY90 · 제 시계를 분실했어요 (1052회)

DAY91 · 너의 새해 다짐은 뭐니? (1053회)

DAY92 · 모든 시청자 분들께 감사드리고 싶어요 (1054회)

DAY93 · 마유텔레콤으로 바꾸고 싶어요 (1055회)

DAY94 · 구미 당기게 들리는데요! (1056회)

DAY95 · 비행기표를 취소해도 되나요? (1057회)

DAY96 · 오! 안 그러셔도 됐는데! (1058회)

DAY97 · 와, 새집 같네요! (1059회)

DAY98 · 소파를 샀는데 너무 무거워서요 (1060회)

DAY99 · 건배! (1061회)

DAY100 · 냉장고에서 맥주랑 탄산음료를 봤는데요 (1062회)

DAY101 · 프레젠테이션 준비됐니? (1063회)

DAY102 · 어지럽고 울렁거려 (1064회)

DAY103 · 누구 병문안을 가요 (1065회)

DAY104 · 너 전에 닭발 먹어본 적 있어? (1066회)

DAY105 · 손을 움직일 수가 없어요 (1067회)

DAY106 · 저 편두통이 있어요 (1068회)

DAY107 · 참을 수 있어요 (1069회)

DAY108 · 25달러까지 쓸 수 있어요 (1070회)

DAY109 · 디저트는 항상 환영이에요 (1071회)

DAY110 · 설 연휴 동안 뭐 하니? (1072회)

DAY111 · 당신 부츠가 필요한 것 같네요 (1073회)

DAY112 · 당좌예금 계좌를 열고 싶은데요 (1074회)

DAY113 · 이 50달러짜리 플랜은 뭔가요? (1075회)

DAY114 · 이 테이블은 4명에게는 너무 작네요 (1076회)

DAY115 · 이것 참 믿을 수가 없네요 (1077회)

DAY116 · 오늘 월차라서 참 다행이네요 (1078회)

DAY117 · 왜 날 못 믿는 거야? (1079회)

DAY118 · 몇 포인트 쓸 수 있나요? (1080회)

DAY119 · 대기 시간은 2시간이에요 (1081회)

DAY120 · 마유 호텔 뉴욕이에요 (1082회)

DAY121 · 내가 그냥 회사로 데려다줄게요 (1083회)

DAY122 · 캐러멜 반, 버터 반을 원해요 (1084회)

DAY123 · 제 약혼녀를 위한 선물이 필요해요 (1085회)

DAY124 · 예약을 해야만 하나요? (1086회)

DAY125 · 뒤 범퍼에 쓸린 자국이 있어요 (1087회)

DAY126 · 당신이 엄청 자랑스러워요, 여보! (1088회)

DAY127 · 너 잘 타? (1089회)

DAY128 · 전혀 방수가 아니에요 (1090회)

DAY129 · 너 이미 나한테 점심 사줬잖아 (1091회)

DAY130 · Lion King이 내 버킷리스트에 있지 (1092회)

그것들 분리해야 돼요

_가정

STEP 1

A Let me take out the _____. (내가 쓰레기를 내다 버릴게요.)

B Don't _____ it with the recyclables. (그걸 재활용품들과 섞지는 마요.)

B We have to separate _____. (그것들 분리해야 돼요.)

A Come on. I know how to _____. (왜 이래요. 나 재활용하는 법 알아요.)

STEP 2

• **trash** | 쓰레기

→ What is this trash? (이 쓰레기는 뭐니?)

→ Where is the trash can? (쓰레기통 어디에 있니?)

• **mix** | 섞다

→ I mixed it with water. (난 그걸 물과 섞었어.)

→ Don't mix it with milk. (그걸 우유와 섞지 마.)

• **them** | 그것들

→ I like them very much! (난 그것들이 엄청 마음에 들어!)

→ Don't touch them. (그것들을 건드리지 마.)

• **recycle** | 재활용하다

→ I always recycle. (난 항상 재활용해.)

→ My boyfriend never recycles. (내 남자 친구는 절대 재활용 안 해.)

A **Let me take out the trash.** (내가 쓰레기를 내다 버릴게요.)

Let me (동사원형). = 내가 (동사원형)하게 해줘. / 내가 (동사원형)할게.

→ Let me borrow your book. (내가 네 책을 좀 빌릴게.)

→ Let me get some rest. (내가 좀 쉬게 해줘.)

B **Don't mix it with the recyclables.** (그걸 재활용품들과 섞지는 마요.)

Don't (동사원형). = (동사원형)하지 마세요.

→ Don't mix anything. (아무것도 섞지 마세요.)

→ Don't be rude. (무례하지 마세요.)

B **We have to separate them.** (그것들 분리해야 돼요.)

have to (동사원형) = (동사원형)해야만 한다

→ You have to escape. (넌 탈출해야만 해.)

→ She has to do her homework. (그녀는 자기 숙제를 해야만 해.)

A **Come on. I know how to recycle.** (왜 이래요. 나 재활용하는 법 알아요.)

how to (동사원형) = (동사원형)하는 법

→ I know how to drive. (난 운전하는 법을 알아.)

→ I can teach you how to speak English. (난 네게 영어 하는 법을 가르쳐줄 수 있어.)

1 내가 그녀를 도와줄게. =＿＿＿＿＿＿＿＿＿＿＿＿＿＿＿＿

2 돌아오지 마. =＿＿＿＿＿＿＿＿＿＿＿＿＿＿＿＿＿＿＿＿

3 우린 지금 떠나야만 해. =＿＿＿＿＿＿＿＿＿＿＿＿＿＿＿

4 난 노래하는 법을 잊었어. =＿＿＿＿＿＿＿＿＿＿＿＿＿＿

Let me help her. | Don't come back. | We have to leave now. | I forgot how to sing.

돈을 보내러 왔는데요

CHECK | 손영작 ☐ 입영작 ☐ 반복낭독 ☐ 수업 듣기 ☐

STEP 1

A I'm here to _____ money. (돈을 보내러 왔는데요.)

B Please fill out this _____. (이 양식을 작성해주세요.)

A Can I send it _____, too? (온라인에서 보낼 수도 있나요?)

B Sure. It takes 2 business _____. (그럼요. 영업일 기준으로 이틀 걸려요.)

STEP 2

- **send** | 보내다

  → Send me some money. (내게 돈을 좀 보내줘.)

  → I sent you a letter. (난 네게 편지를 보냈어.)

- **form** | 양식

  → What is this form? (이 양식은 뭔가요?)

  → Did you fill out this form? (이 양식을 작성하셨나요?)

- **online** | 온라인에서

  → I saw it online. (난 그걸 온라인에서 봤어요.)

  → I bought a shirt online. (난 온라인에서 셔츠를 샀어.)

- **day** | 일, 요일

  → What day is today? (오늘이 무슨 요일이지?)

  → What a beautiful day! (엄청 아름다운 날이야!)

A **I'm here to send money.** (돈을 보내러 왔는데요.)

I'm here to (동사원형). = (동사원형)하려고 왔어요.

→ I'm here to see Kate. (Kate를 보려고 왔어요.)

→ I'm here to ask you something. (당신에게 뭔가를 물어보려고 왔어요.)

B **Please fill out this form.** (이 양식을 작성해주세요.)

fill out (명사) = (명사)를 작성하다

→ Please fill out this application. (이 신청서를 작성해주세요.)

→ You have to fill this out. (이걸 작성하셔야만 합니다.)

A **Can I send it online, too?** (온라인에서 보낼 수도 있나요?)

(질문), too? = (질문)도 마찬가지인가요?

→ Do you like me, too? (너도 날 좋아하니?)

→ Can I eat this, too? (내가 이것도 먹어도 되니?)

B **Sure. It takes 2 business days.** (그럼요. 영업일 기준으로 이틀 걸려요.)

take (기간) = (기간)이 걸리다

→ It takes 5 minutes. (5분 걸려요.)

→ It took 3 weeks. (3주가 걸렸어.)

1 마유를 보려고 왔는데요. =＿＿＿＿＿＿＿＿＿＿＿＿＿＿

2 이 양식을 지금 작성해주세요. =＿＿＿＿＿＿＿＿＿＿＿＿

3 너도 프랑스인이니? =＿＿＿＿＿＿＿＿＿＿＿＿＿＿＿＿

4 2개월이 걸려요. =＿＿＿＿＿＿＿＿＿＿＿＿＿＿＿＿＿

I'm here to see Mayu. | Please fill out this form now. | Are you French, too? | It takes 2 months.

STEP 1

A Are you sure this is a _____ size? (이거 큰 사이즈인 거 확실해요?)

B Yup. It is a large _____. (네. 그거 큰 사이즈 맞아요.)

A I guess it's my _____ then. (그럼 제 몸이 문제인 거 같네요.)

B That particular _____ is tight-fitting. (그 특정한 디자인은 몸에 딱 맞아요.)

STEP 2

- **large** | 큰
  - → This is too large for me. (이건 내게 너무 커.)
  - → We need a larger office. (우린 더 큰 사무실이 필요해.)

- **size** | 사이즈
  - → Do you have a small size? (작은 사이즈 있나요?)
  - → This is the smallest size. (이게 가장 작은 사이즈예요.)

- **body** | 몸, 몸매
  - → My body feels heavy. (내 몸이 무겁게 느껴져.)
  - → You have a nice body. (좋은 몸매를 가지고 계시네요.)

- **design** | 디자인, 디자인하다
  - → I don't like this logo design. (난 이 로고 디자인이 마음에 안 들어.)
  - → Who designed this? (누가 이걸 디자인했니?)

A Are you sure this is a large size? (이거 큰 사이즈인 거 확실해요?)

　　Are you sure (평서문)? = (평서문)인 거 확실해요?

→ Are you sure you are 20? (너 20살인 거 확실해?)

→ Are you sure this is salt? (이게 소금인 거 확실해?)

B Yup. It is a large size. (네. 그거 큰 사이즈 맞아요.)

　　be (명사) = (명사)다

→ This is a medium size. (이건 중간 사이즈야.)

→ It is sugar. (그건 설탕이야.)

A I guess it's my body then. (그럼 제 몸이 문제인 거 같네요.)

　　I guess (평서문). = (평서문)인 거 같네.

→ I guess she likes you. (그녀가 널 좋아하는 거 같네.)

→ I guess I'm not her type. (내가 그녀의 타입이 아닌 거 같네.)

B That particular design is tight-fitting. (그 특정한 디자인은 몸에 딱 맞아요.)

　　be (형용사) = (형용사)하다

→ These belt is loose. (이 허리띠는 헐렁해.)

→ The weather is warm. (날씨가 따뜻해.)

1 그녀가 마유의 여동생인 거 확실해? =＿＿＿＿＿＿＿＿＿＿＿

2 이건 미니의 팔찌야. =＿＿＿＿＿＿＿＿＿＿＿

3 Peter가 초콜릿을 좋아하는 거 같네. =＿＿＿＿＿＿＿＿＿

4 왕초보영어는 재미있어. =＿＿＿＿＿＿＿＿＿＿＿

왕초보영어는 재미있어.

Are you sure she is Mayu's sister? | This is Mini's bracelet. | I guess Peter likes chocolate. |

DAY 3

이거 큰 사이즈인 거 확실해요?

각각 10달러씩 청구할게요

CHECK | 손영작 ☐ 입영작 ☐ 반복낭독 ☐ 수업 듣기 ☐

STEP 1

A Are you two paying _____? (두 분 같이 내시나요?)

B No, we want to _____ separately. (아뇨, 저희 따로 내고 싶어요.)

A OK. I need to _____ you $10 each.

(알겠습니다. 각각 10달러씩 청구할 필요가 있어요.)

B _____. Here are our cards. (알겠습니다. 여기 저희 카드요.)

STEP 2

• **together** | 같이

→ Let's study English together. (같이 영어 공부하자.)

→ They used to live together. (그들은 같이 살곤 했어.)

• **pay** | 지불하다

→ I can pay right now. (저 지금 지불할 수 있어요.)

→ I didn't pay for this. (저 이거 돈 안 냈어요.)

• **charge** | 청구하다

→ I already charged the customer. (전 이미 그 손님에게 청구했어요.)

→ They charged me twice. (그들이 저에게 두 번 청구했어요.)

• **Alright.** | 알겠습니다. / 좋았어.

→ Alright. I understand. (알겠습니다. 이해해요.)

→ Alright. Let's go. (좋았어. 가자.)

A **Are you two paying together?** (두 분 같이 내시나요?)

Are you (~ing)? = 당신은 (~ing)하나요?

→ Are you coming soon? (너 금방 오니?)

→ Are you going to school today? (너 오늘 학교 가니?)

B **No, we want to pay separately.** (아뇨, 저희 따로 내고 싶어요.)

want to (동사원형) = (동사원형)하고 싶다

→ We want to pay together. (저희 같이 내고 싶어요.)

→ She wants to take a nap. (그녀는 낮잠 자고 싶어 해.)

A **OK. I need to charge you $10 each.**

(알겠습니다. 각각 10달러씩 청구할 필요가 있어요.)

need to (동사원형) = (동사원형)할 필요가 있다

→ I need to change. (난 변화할 필요가 있어.)

→ Kirk needs to apologize. (Kirk는 사과할 필요가 있어.)

B **Alright. Here are our cards.** (알겠습니다. 여기 저희 카드요.)

Here are (복수명사). = 여기 (복수명사)들이 있어요.

→ Here are my keys. (여기 제 열쇠들이 있어요.)

→ Here are my pants. (여기 제 바지들이 있어요.)

1 너 내일 돌아오니? =_____

2 난 그를 용서하고 싶어. =_____

3 그들은 이 수업을 들을 필요가 있어. =_____

4 여기 제 귀걸이들이 있어요. =_____

Here are my earrings.

| Are you coming back tomorrow? | I want to forgive him. | They need to take this class. |

지금 체크인해도 되나요?

_여행

STEP 1

A We are here _____. Can we check in now?
(저희 여기 일찍 왔어요. 지금 체크인해도 되나요?)

B We are still _____ the room. (저희가 아직 방을 청소 중입니다.)

B _____, you can't check in until 3. (안타깝게도, 3시까지 체크인하실 수 없어요.)

A No worries. We'll just wait in the _____. (괜찮아요. 그냥 로비에서 기다릴게요.)

STEP 2

- **early** | 일찍
  - → I woke up early. (난 일찍 깨어났어.)
  - → She came in early today. (그녀는 오늘 일찍 출근했어요.)

- **clean** | 청소하다
  - → Emma never cleans her room. (Emma는 절대 자기 방을 청소 안 해.)
  - → Did you clean your room? (넌 네 방을 청소했니?)

- **unfortunately** | 안타깝게도, 불행하게도
  - → Unfortunately, Mr. Jackson is not here. (안타깝게도, Mr. Jackson은 여기 안 계세요.)
  - → Unfortunately, we don't have any rooms. (안타깝게도, 저희는 방이 없어요.)

- **lobby** | 로비
  - → Where's the lobby? (로비가 어디에 있어요?)
  - → The lobby is on the 1st floor. (로비는 1층에 있어요.)

A **We are here early. Can we check in now?**

(저희 여기 일찍 왔어요. 지금 체크인해도 되나요?)

Can (주어) (동사원형)? = (주어)가 (동사원형)해도 되나요?

→ Can I go home? (저 집에 가도 되나요?)

→ Can we try again? (저희 다시 시도해봐도 되나요?)

B **We are still cleaning the room.** (저희가 아직 방을 청소 중입니다.)

be (~ing) = (~ing)하고 있다

→ I am still eating. (난 아직 먹고 있어.)

→ We are still having lunch. (우린 아직 점심식사를 하고 있어.)

B **Unfortunately, you can't check in until 3.**

(안타깝게도, 3시까지 체크인하실 수 없어요.)

until (시기) = (시기)까지

→ I can stay here until tomorrow. (난 여기에 내일까지 머물 수 있어.)

→ Can you wait here until 6? (너 여기서 6시까지 기다릴 수 있니?)

A **No worries. We'll just wait in the lobby.** (괜찮아요. 그냥 로비에서 기다릴게요.)

will (동사원형) = (동사원형)할게 / 할래 / 할 거야

→ We will visit you tomorrow. (우린 내일 널 방문할게.)

→ I will be a firefighter. (난 소방관이 될래.)

STEP 4

1 나 너랑 공부해도 돼? =_____

2 그들은 그 방을 치우고 있어. =_____

3 여기에서 10시까지 기다려. =_____

4 내가 너에게 전화할게. =_____

Can I study with you? | They are cleaning the room. | Wait here until 10. | I will call you.

좀 봐주세요!

_가정

STEP 1

A I'm _____ done with my homework! (드디어 제 숙제를 마쳤어요!)

B Didn't you _____ something? (너 뭐 잊지 않았니?)

B You have to tidy up your _____. (네 방을 정리해야지.)

A Come on, _____! Give me a break! (왜 이러세요, 엄마! 좀 봐주세요!)

STEP 2

- **finally** | 마침내, 드디어
  → I finally called James. (난 드디어 James에게 전화했어.)
  → It's finally over. (그건 마침내 끝났어.)

- **forget** | 잊다
  → I forgot my password. (난 내 암호를 잊었어.)
  → Never forget this day. (이 날을 절대 잊지 마.)

- **room** | 방
  → Is this your room? (이게 네 방이니?)
  → This is our living room. (이게 저희 거실이에요.)

- **mom** | 엄마
  → My mom speaks English. (우리 엄마는 영어를 하셔.)
  → Her mom is a career woman. (그녀의 엄마는 커리어 우먼이야.)

A I'm finally done with my homework! (드디어 제 숙제를 마쳤어요!)

be done with (명사) = (명사)를 마친 상태다

→ I am done with everything. (전 다 마쳤어요.)

→ We are not done with pasta. (저희는 이 파스타를 다 안 마쳤어요. / 다 안 먹었어요.)

B Didn't you forget something? (너 뭐 잊지 않았니?)

Didn't you (동사원형)? = 너 (동사원형)하지 않았니?

→ Didn't you say that? (너 그렇게 말하지 않았니?)

→ Didn't you call me last night? (너 어젯밤에 나한테 전화하지 않았니?)

B You have to tidy up your room. (네 방을 정리해야지.)

have to (동사원형) = (동사원형)해야만 한다

→ I have to get a haircut. (나 머리 잘라야만 해.)

→ She has to submit her homework. (그녀는 자기 숙제를 제출해야만 해.)

A Come on, mom! Give me a break! (왜 이러세요, 엄마! 좀 봐주세요!)

give (사람) a break = (사람)을 봐주다

→ Give your sister a break! (네 언니 좀 봐주렴!)

→ Can't you give me a break? (날 좀 봐줄 수 없겠니?)

1 넌 네 에세이를 다 마쳤니? = _____

2 너 뭔가 말하지 않았니? = _____

3 그들은 이걸 다시 해야만 해. = _____

4 난 그들을 봐줬어. = _____

I gave them a break.
Are you done with your essay? | Didn't you say something? | They have to do this again. |

오늘 안 나가서 다행이네

_일상

STEP 1

A Why are you so _____? (왜 이리 땀에 젖은 거야?)

B It's so humid _____! (밖에 엄청 습해!)

A I'm _____ I didn't go out today. (오늘 안 나가서 다행이네.)

B I hate it when it's _____. (더운 게 너무 싫어.)

STEP 2

• **sweaty** | 땀에 젖은

→ I'm so sweaty. (난 엄청 땀에 젖었어.)

→ My hands are sweaty. (내 손이 땀에 젖었어.)

• **outside** | 밖에

→ It's too cold outside. (밖에 너무 추워.)

→ There are your fans outside. (밖에 당신 팬들이 있어요.)

• **glad** | 기쁜, 다행인

→ I'm glad you are okay. (네가 괜찮아서 다행이야.)

→ We are so glad. (저희는 엄청 기뻐요.)

• **hot** | 더운, 뜨거운

→ It's hot and humid. (덥고 습해.)

→ This cup is hot. (이 컵은 뜨거워요.)

A Why are you so sweaty? (왜 이리 땀에 젖은 거야?)

Why are you (형용사)? = 넌 왜 (형용사)한 거니?

→ Why are you so mad? (넌 왜 그렇게 화난 거니?)

→ Why are you sad? (넌 왜 슬픈 거니?)

B It's so humid outside! (밖에 엄청 습해!)

so (형용사) = 엄청 (형용사)한

→ You are so beautiful to me. (넌 내게 엄청 아름다워.)

→ This building is so tall. (이 건물은 엄청 높아.)

A I'm glad I didn't go out today. (오늘 안 나가서 다행이네.)

I'm glad (평서문). = (평서문)이라 다행이네.

→ I'm glad you are here. (네가 여기 있어서 다행이네.)

→ I'm glad she isn't sick. (그녀가 안 아파서 다행이네.)

B I hate it when it's hot. (더운 게 너무 싫어.)

I hate it when (평서문). = 난 (평서문)인 게 싫어.

→ I hate it when you sing. (난 네가 노래하는 게 싫어.)

→ I hate it when it rains. (난 비가 오는 게 싫어.)

1 넌 왜 여기에 있니? =_____

2 넌 엄청 사랑스러워. =_____

3 네가 내 선물을 좋아해서 다행이네. =_____

4 난 추운 게 싫어. =_____

Why are you here? | You are so lovely. | I'm glad you like my gift. | I hate it when it's cold.

이 선물 상자는 얼마예요?

_쇼핑_

STEP 1

A How much is this gift _____? (이 선물 상자는 얼마예요?)

B It's $5 and it comes with this _____. (5달러이고 이 리본이 딸려와요.)

A Can I _____ a card instead? (그 대신에 카드를 받을 수 있을까요?)

B OK. _____ one from these. (네. 이것들 중 고르세요.)

STEP 2

- **box** | 상자
  - → Would you like a box? (상자를 원하시나요?)
  - → I don't need a box. (상자는 필요 없어요.)

- **ribbon** | 리본
  - → Use this yellow ribbon. (이 노란 리본을 쓰세요.)
  - → I need two blue ribbons. (전 두 개의 파란 리본이 필요해요.)

- **get** | 받다
  - → I got a promotion. (난 승진을 받았어. / 승진했어.)
  - → Did you get my email? (너 내 이메일 받았니?)

- **choose** | 고르다, 선택하다
  - → I chose the pink one. (난 그 핑크색의 것을 골랐어.)
  - → Choose him. (그를 선택해.)

A How much is this gift box? (이 선물 상자는 얼마예요?)

How much is/are (명사)? = (명사)는 얼마예요?

→ How much is this spoon? (이 숟가락은 얼마예요?)

→ How much are these chopsticks? (이 젓가락은 얼마예요?)

B It's $5 and it comes with this ribbon. (5달러이고 이 리본이 딸려 와요.)

(명사1) comes with (명사2) = (명사1)은 (명사2)가 딸려 오다

→ It comes with free samples. (그건 무료 샘플들이 딸려 와요.)

→ This laptop comes with a mouse. (이 랩탑 컴퓨터는 마우스가 딸려 와요.)

A Can I get a card instead? (그 대신에 카드를 받을 수 있을까요?)

instead = 그 대신에

→ I want this card instead. (전 그 대신에 이 카드를 원해요.)

→ Go to Italy instead. (그 대신에 이탈리아에 가.)

B OK. Choose one from these. (네. 이것들 중 고르세요.)

from = (명사)로부터

→ I got this from my mom. (난 이걸 우리 엄마로부터 받았어.)

→ You can choose from these two colors. (이 두 개의 색으로부터 고를 수 있어요.)

1 이 블라우스는 얼마예요? =_____

2 이 전화기는 충전기가 딸려 와요. =_____

3 그 대신에 너희 아버지를 방문해. =_____

4 난 그녀로부터 편지를 받았어. =_____

I got a letter from her.
| Visit your father instead. | This phone comes with a charger. |
How much is this blouse? |

웨이터에게 현금으로 팁을 주고 싶어서요
_식당

CHECK | 손영작 ☐ 입영작 ☐ 반복낭독 ☐ 수업 듣기 ☐

STEP 1

A Is there an _____ in here? (여기 안에 ATM이 있나요?)

A I want to tip the _____ with cash. (웨이터에게 현금으로 팁을 주고 싶어서요.)

B There's one _____ behind this building. (이 빌딩 바로 뒤에 하나가 있어요.)

B And there's one across the _____, too. (그리고 길 건너에도 하나가 있고요.)

STEP 2

• **ATM** | 자동 현금입출금기

→ We don't have an ATM here. (여긴 ATM이 없어요.)

→ Where's the ATM? (ATM이 어디에 있나요?)

• **waiter** | 웨이터

→ I am working as a waiter. (전 웨이터로 일하고 있어요.)

→ Ask the waiter. (웨이터에게 물어봐.)

• **right** | 바로

→ Call me right now. (나한테 바로 지금 전화해.)

→ Mini is right there. (Mini는 바로 저기에 있어.)

• **street** | 길거리

→ I am walking down the street. (난 그 길거리를 따라 걷고 있어.)

→ This street is closed. (이 길은 닫혀 있습니다.)

A **Is there an ATM in here?** (여기 안에 ATM이 있나요?)

Is there (명사)? = (명사)가 있나요?

→ Is there a restroom here? (여기에 화장실이 있나요?)

→ Is there a vending machine here? (여기에 자판기가 있나요?)

A **I want to tip the waiter with cash.** (웨이터에게 현금으로 팁을 주고 싶어서요.)

with (명사) = (명사)를 가지고 / (명사)로

→ I can pay with a credit card. (전 신용카드로 낼 수 있어요.)

→ Charge it with this charger. (그걸 이 충전기로 충전해.)

B **There's one right behind this building.** (이 빌딩 바로 뒤에 하나가 있어요.)

behind (명사) = (명사)의 뒤에

→ I am behind you. (난 네 뒤에 있어.)

→ I am walking behind you. (난 네 뒤에서 걷고 있어.)

B **And there's one across the street, too.** (그리고 길 건너에도 하나가 있고요.)

across (명사) = (명사)의 건너에, 건너서

→ There is a restroom across the street. (길 건너에 화장실이 있어요.)

→ There is an island across the river. (강 건너에 섬이 있어요.)

STEP 4

1 이 주위에 버스 정류장이 있나요? =_____

2 현금으로 내. =_____

3 우린 그 건물 뒤에 있어. =_____

4 길 건너에 백화점이 있어요. =_____

Is there a bus stop around here? | Pay with cash. | We are behind the building. |
There is a department store across the street.

이 주위에서 빨간색 파우치 보신 적 있나요?

_여행

STEP 1

A Have you seen a red pouch _____ here?
(이 주위에서 빨간색 파우치 보신 적 있나요?)

B What's inside the _____? (그 파우치 안에 뭐가 들어 있나요?)

A There are _____ tools and my driver's license.
(화장 도구들하고 제 운전면허증이 있어요.)

B You got it. _____ me this way. (맞히셨어요. 이쪽으로 절 따라오세요.)

STEP 2

- **around** | ~의 주위에, 주위에서
  - → Is there a Korean restaurant around here? (여기 주위에 한국식당이 있나요?)
  - → Have you seen a lipstick around here? (여기 주위에서 립스틱 보신 적 있나요?)

- **pouch** | 파우치
  - → They gave me a free pouch. (그들은 내게 무료 파우치를 줬어.)
  - → I want this pink pouch. (난 이 핑크 파우치를 원해.)

- **makeup** | 화장
  - → Are you wearing makeup? (너 화장한 거야?)
  - → My sister is putting on makeup. (우리 언니는 화장하고 있어.)

- **follow** | 따라가다/오다, 따르다
  - → Follow Mayu! (마유를 따르라!)
  - → I followed his instructions. (난 그의 지시를 따랐어.)

A Have you seen a red pouch around here?

(이 주위에서 빨간색 파우치 보신 적 있나요?)

Have you seen (명사)? = (명사)를 본 적 있나요?

→ Have you seen a ghost? (넌 귀신을 본 적 있니?)

→ Have you seen a watch around here? (넌 여기 근처에서 시계를 본 적 있니?)

B What's inside the pouch? (그 파우치 안에 뭐가 들어 있나요?)

inside (명사) = (명사)의 안에

→ My key is inside the box. (내 열쇠는 그 상자 안에 있어.)

→ What's inside your pocket? (네 주머니 안에 뭐가 있니?)

A There are makeup tools and my driver's license.

(화장 도구들하고 제 운전면허증이 있어요.)

There are (명사). = (명사)들이 있어요.

→ There are gloves and a helmet. (장갑하고 헬멧이 있어요.)

→ There are my glasses inside the box. (그 상자 안에 내 안경이 있어.)

B You got it. Follow me this way. (맞히셨어요. 이쪽으로 절 따라오세요.)

this way = 이쪽으로

→ Go this way. (이쪽으로 가.)

→ Walk this way. (이쪽으로 걸어.)

STEP 4

1 넌 내 고양이를 본 적 있니? =_____

2 내 립스틱이 그 파우치 안에 있어. =_____

3 당신의 팬들이 있어요. =_____

4 이쪽으로 달려! =_____

Have you seen my cat? | My lipstick is inside the pouch. | There are your fans. | Run this way!

철 좀 들어라

_가정

STEP 1

A I didn't get my _____ today. (오늘 용돈을 못 받았네.)

B Oh, _____ up. You're already 20. (아, 철 좀 들어라. 너 벌써 20살이잖아.)

A I'm going to _____ a part-time job. (파트타임 일 찾을 거야.)

B Sure… when _____ fly! (그렇겠지… 해가 서쪽에서 뜰 때나!)

STEP 2

- **allowance** | 용돈
  - → I don't get an allowance. (난 용돈을 안 받아.)
  - → I am not going to give my kids an allowance.
    (난 내 아이들에게 용돈을 안 줄 거야.)

- **grow** | 자라나다
  - → Your son is growing fast! (네 아들은 빨리 자라고 있구나!)
  - → His business grew slowly. (그의 사업은 천천히 자라났어. / 커졌어.)

- **find** | 찾아내다
  - → I found my dream job. (난 내 꿈의 직업을 찾았어.)
  - → I can't find my lenses. (내 렌즈들을 찾을 수가 없어.)

- **pig** | 돼지
  - → Pigs are smarter than dogs. (돼지는 개보다 더 똑똑해.)
  - → Look at this baby pig. (이 아기 돼지를 봐.)

A I didn't get my allowance today. (오늘 용돈을 못 받았네.)

didn't (동사원형) = (동사원형)하지 않았다

→ I didn't get your message. (난 네 메시지를 못 받았어.)

→ I didn't see you. (난 널 못 봤어.)

B Oh, grow up. You're already 20. (아, 철 좀 들어라. 너 벌써 20살이잖아.)

(동사원형). = (동사원형)해라.

→ Wake up. (정신 차려라.)

→ Hurry up. (서둘러라.)

A I'm going to find a part-time job. (파트타임 일 찾을 거야.)

be going to (동사원형) = (동사원형)할 것이다

→ I'm going to study abroad. (난 해외에서 공부할 거야.)

→ I'm going to work from home. (난 집에서 일할 거야.)

B Sure⋯ when pigs fly! (그렇겠지⋯ 해가 서쪽에서 뜰 때나!)

when (평서문) = (평서문)할 때

→ Accidents happen when it rains. (비가 올 때 사고들이 생긴다.)

→ Call me when you leave. (떠날 때 내게 전화해.)

STEP 4

1 난 네 돈을 숨기지 않았어. =_____

2 그 문을 닫아라. =_____

3 난 잠자리에 들 거야. =_____

4 네가 목마를 때 이걸 마셔. =_____

Drink this when you are thirsty.

I didn't hide your money. | Close the door. | I'm going to go to bed. |

당신 20살 같아 보여요

일상

CHECK | 손영작 □ 입영작 □ 반복낭독 □ 수업 듣기 □

STEP 1

A How _____ do I look? (저 몇 살 같아 보여요?)

B You are definitely _____ than me. (당신은 확실히 저보단 어려요.)

A Wrong. I am _____ older than you. (틀렸어요. 제가 당신보다 훨씬 나이 많아요.)

B No way! You _____ 20! (말도 안 돼! 당신 20살 같아 보여요!)

STEP 2

- **old** | 나이 든, 오래된

  → Do I look old? (내가 나이 들어 보이니?)

  → This is an old story. (이건 오래된 이야기야.)

- **younger** | 더 젊은

  → Mayu is younger than Tom. (마유는 Tom보다 더 젊어.)

  → Are you younger than Kay? (넌 Kay보다 더 젊니?)

- **way** | 훨씬

  → English is way easier. (영어가 훨씬 더 쉬워.)

  → My girlfriend is way better than yours.
     (내 여자 친구는 네 여자 친구보다 훨씬 더 나아.)

- **look** | 보이다

  → She looks lonely. (그녀는 외로워 보여.)

  → She looks like a lonely person. (그녀는 외로운 사람처럼 보여.)

A **How old do I look?** (저 몇 살 같아 보여요?)

How old do/does (주어) look? = (주어)는 몇 살 같아 보여요?

→ How old do we look? (저희는 몇 살 같아 보여요?)

→ How old does she look? (그녀는 몇 살 같아 보여요?)

B **You are definitely younger than me.** (당신은 확실히 저보단 어려요.)

than (명사) = (명사)보다

→ I am cuter than you. (난 너보다 더 귀여워.)

→ My dog is smarter than yours. (우리 개가 네 개보다 더 똑똑해.)

A **Wrong. I am way older than you.** (틀렸어요. 제가 당신보다 훨씬 나이 많아요!)

way (비교급 형용사) = 훨씬 더 (비교급 형용사)한

→ This car is way faster. (이 자동차가 훨씬 더 빨라.)

→ Chinese is way more difficult. (중국어가 훨씬 더 어려워.)

B **No way! You look 20!** (말도 안 돼! 당신 20살 같아 보여요!)

look (형용사) = (형용사)해 보이다

→ You look 40. (당신은 40살 같아 보여요.)

→ She looks calm. (그녀는 침착해 보여.)

DAY 12

당신 20살 같이 보여요

1 마유는 몇 살 같아 보이니? =_____

2 오늘은 어제보다 더 더워. =_____

3 내가 키가 훨씬 더 커. =_____

4 Brian은 우울해 보여. =_____

Brian looks depressed.

How old does Mayu look? | Today is hotter than yesterday. | I am way taller. |

035

STEP 1

A Do you have Mayu _____ Straighteners in stock?
(마유 머리 고데기가 재고에 있나요?)

B They are _____ sold out. (그것들은 완전히 품절됐어요.)

A When will they be _____? (언제 구할 수 있을까요?)

B They will come in this _____. (이번 주 수요일에 들어올 거예요.)

STEP 2

- **hair** | 머리카락
  - → He has a lot of hair. (그는 머리카락이 많아. / 숱이 많아.)
  - → She has soft hair. (그녀는 머리가 부드러워.)

- **completely** | 완전히
  - → This is completely different. (이건 완전히 달라.)
  - → I completely forgot her name. (난 완전히 그녀의 이름을 잊었어.)

- **available** | 구할 수 있는, 사용할 수 있는, 시간이 되는
  - → The new Uphone is now available. (새로 나온 Uphone은 이제 시중에 팔아요.)
  - → Is James available? (James가 시간이 되나요?)

- **Wednesday** | 수요일
  - → She will arrive on Wednesday. (그녀는 수요일에 도착할 거야.)
  - → Today is Wednesday. (오늘은 수요일이야.)

A Do you have Mayu Hair Straighteners in stock?

(마유 머리 고데기가 재고에 있나요?)

Do you have (명사) in stock? = (명사)가 재고에 있나요?

→ Do you have Mayu Phones in stock? (마유 전화기가 재고에 있나요?)

→ Do you have these items in stock? (이 상품들 재고에 있나요?)

B They are completely sold out. (그것들은 완전히 품절됐어요.)

sold out = 품절된

→ The tickets are sold out. (그 티켓들은 품절됐어요.)

→ Are these already sold out? (이것들은 벌써 품절됐나요?)

A When will they be available? (언제 구할 수 있을까요?)

When will (주어) (동사원형)? = 언제 (주어)가 (동사원형)할까요?

→ When will she come back? (언제 그녀가 돌아올까요?)

→ When will he be here? (언제 그가 여기에 있을까요? / 올까요?)

B They will come in this Wednesday. (이번 주 수요일에 들어올 거예요.)

(주어) will (동사원형). = (주어)는 (동사원형)할 거예요.

→ She will come back this Friday. (그녀는 이번 주 금요일에 돌아올 거예요.)

→ Mini will call you soon. (Mini가 너에게 곧 전화할 거야.)

DAY 13

언제 구할 수 있을까요?

1 이 책들 재고에 있나요? = _____

2 이 상품들은 품절됐어요. = _____

3 언제 그들이 내게 전화할까요? = _____

4 그들은 내일 우릴 방문할 거야. = _____

They will visit us tomorrow.
| Do you have these books in stock? | These items are sold out. | When will they call me? |

넌 왜 추석이 좋아?

_식당·추석 스페셜

STEP 1

A What do you _____ about Choosuk? (넌 추석에 대해 뭐가 좋아?)

B I get to see my _____. (우리 가족을 보게 되잖아.)

B And you? _____ do you like Choosuk? (넌? 넌 왜 추석이 좋아?)

A I like it because I get to eat good _____. (맛있는 음식 먹게 되어 좋아.)

STEP 2

- **like** | 좋아하다, 마음에 들다
  - → I like watching TV. (난 TV 보는 걸 좋아해.)
  - → I don't like his attitude. (난 그의 태도가 마음에 안 들어.)

- **family** | 가족
  - → I have a big family. (난 큰 가족을 가지고 있어.)
  - → I miss my family. (난 내 가족이 그리워.)

- **why** | 왜
  - → Why do you like me? (넌 날 왜 좋아해?)
  - → Why did you go home? (넌 왜 집에 갔니?)

- **food** | 음식
  - → We have enough food. (우린 충분한 음식이 있어.)
  - → Their food wasn't good. (그들의 음식은 맛이 없었어.)

넌 왜 추석이 좋아!?

A **What do you like about Choosuk?** (넌 추석에 대해 뭐가 좋아?)

What do you like about (명사)? = 넌 (명사)에 대해 뭐가 좋아? / 마음에 들어?

→ What do you like about me? (넌 나에 대해 뭐가 마음에 들어?)

→ What do you like about swimming? (넌 수영하는 것에 대해 뭐가 좋아?)

B **I get to see my family.** (우리 가족을 보게 되잖아.)

get to (동사원형) = (동사원형)하게 되다

→ I got to meet Youngja Lee. (난 이영자를 만나게 됐어.)

→ You will get to know him better. (넌 그를 더 잘 알게 될 거야.)

B **And you? Why do you like Choosuk?** (넌? 넌 왜 추석이 좋아?)

Why do you like (명사)? = 넌 (명사)가 왜 좋아?

→ Why do you like Mini? (넌 Mini가 왜 좋아?)

→ Why do you like studying English? (넌 영어공부하는 게 왜 좋아?)

A **I like it because I get to eat good food.** (맛있는 음식 먹게 되어 좋아.)

because (평서문) = (평서문)이기 때문에

→ I love you because you are gentle. (난 네가 젠틀해서 널 사랑하는 거야.)

→ I like Mayu because he is a cool teacher.
  (난 마유가 쿨한 선생님이라서 좋아해.)

STEP 4

1 넌 이 프로그램에 대해 뭐가 좋아? =_____

2 우린 그녀의 음식을 먹게 됐어. =_____

3 넌 초콜릿이 왜 좋아? =_____

4 난 당신이 내 아내라서 행복해. =_____

What do you like about this program? | We got to eat her food. | Why do you like chocolate? | I am happy because you are my wife.

STEP 1

A Aren't you going to _____ your parents this Choosuk?
(이번 추석에 부모님 방문 안 할 거니?)

B I can't because of _____. (일 때문에 못 가.)

A I'm sorry to _____ that. (그런 말 들어서 마음이 안 좋네.)

B I'm going to _____ them, though. (그래도 전화는 드릴 거야.)

STEP 2

- **visit** | ~를 방문하다
  - → I am going to visit my mother. (난 우리 어머니를 방문할 거야.)
  - → The CEO visited our office. (그 CEO가 우리 사무실을 방문했어.)

- **work** | 일
  - → I have to go to work. (난 일에 가야만 해. / 출근해야만 해.)
  - → I have a lot of work. (난 일이 많아.)

- **hear** | 듣다, 들리다
  - → Did you hear me? (너 내 말 들었어?)
  - → I heard a noise. (난 잡음을 들었어.)

- **call** | ~에게 전화하다
  - → Don't call me again. (나한테 다시는 전화하지 마.)
  - → Did you call Peter? (너 Peter한테 전화했니?)

A Aren't you going to visit your parents this Choosuk?

(이번 추석에 부모님 방문 안 할 거니?)

Aren't you going to (동사원형)? = 너 (동사원형) 안 할 거니?

→ Aren't you going to sleep? (너 안 잘 거니?)

→ Aren't you going to watch 왕초보영어? (너 왕초보영어 안 볼 거니?)

B I can't because of work. (일 때문에 못 가.)

because of (명사) = (명사) 때문에

→ I am mad because of you. (난 너 때문에 화가 나.)

→ He is crying because of Mike. (그는 Mike 때문에 울고 있어.)

A I'm sorry to hear that. (그런 말 들어서 마음이 안 좋네.)

I'm sorry to (동사원형). = (동사원형)하게 되어 마음이 안 좋아. / 미안해.

→ I'm sorry to hear the news. (그런 소식을 듣게 되어 마음이 안 좋아.)

→ I'm sorry to bother you. (널 방해하게 되어 미안해.)

B I'm going to call them, though. (그래도 전화는 드릴 거야.)

(평서문), though. = 그래도 (평서문)이야.

→ I like you, though. (그래도 난 네가 좋은걸.)

→ You don't have a girlfriend, though. (그래도 넌 여자 친구가 없잖아.)

DAY 15

일 때문에 못 가

---

1 너 안 먹을 거니? = _____

2 우린 일 때문에 못 나가. = _____

3 널 깨우게 되어 미안해. = _____

4 그래도 영어는 재미있어. = _____

Aren't you going to eat? | We can't go out because of work. | I'm sorry to wake you up. | English is fun, though.

STEP 1

A Wait⋯. Are you wearing my _____? (잠깐⋯. 너 내 반바지 입고 있는 거야?)

B Finders _____! (찾는 사람이 임자야!)

A Take them off _____ now! (그거 지금 당장 벗어!)

B These look _____ on me! (이거 나한테 더 잘 어울린다고!)

STEP 2

- **shorts** | 반바지
  - → I need comfortable shorts. (난 편한 반바지가 필요해.)
  - → These shorts are cheap. (이 반바지는 싸.)

- **keep** | 가지고 있다, 유지하다
  - → Keep this information. (이 정보를 가지고 있으세요.)
  - → Keep this receipt. (이 영수증을 가지고 있으세요.)

- **right** | 바로
  - → She is right here. (그녀는 바로 여기 있어요.)
  - → Email me right now. (나한테 지금 바로 이메일 해.)

- **better** | 더 나은
  - → This is a better option. (이게 더 나은 옵션이에요.)
  - → My boyfriend is better. (내 남자 친구가 더 나아.)

A **Wait···. Are you wearing my shorts?** (잠깐···. 너 내 반바지 입고 있는 거야?)

be (~ing) = (~ing)하고 있다

→ Are you laughing? (너 웃고 있는 거야?)

→ Mayu is driving. (마유는 운전 중이야.)

B **Finders keepers!** (찾는 사람이 임자야!)

Finders keepers! = 찾는 사람이 임자야!

→ That's mine! / Finders keepers! (그거 내 거야! / 찾는 사람이 임자야!)

→ Give it to me! / Finders keepers! (그거 내게 줘! / 찾는 사람이 임자야!)

A **Take them off right now!** (그거 지금 당장 벗어!)

take (명사) off = (명사)를 벗다

→ Take your socks off. (네 양말을 벗어.)

→ I took my dirty shirt off. (난 내 더러운 셔츠를 벗었어.)

B **These look better on me!** (이거 나한테 더 잘 어울린다고!)

look (형용사) on (사람) = (사람)에게 (형용사)해 보인다

→ It looks good on you. (그거 너에게 좋아 보여. / 잘 어울려.)

→ It looks too big on you. (그거 너에게 너무 커 보여.)

1 너 울고 있는 거니? =_____

2 그거 내 책이야! / 찾는 사람이 임자야! =_____

3 그거 벗어! =_____

4 그거 너에게 예뻐 보여. =_____

Are you crying? | That's my book! / Finders keepers! | Take it off! | It looks pretty on you.

대단한 일도 아닌데요

일상

STEP 1

A Isn't this _____ pouch? (이거 그쪽 파우치 아닌가요?)

B Oh, my! I _____ lost it. (오, 이런. 고마워요. 잃어버릴 뻔했네요.)

B Thank you! Let me buy you a cup of _____. (고마워요! 커피 한 잔 살게요.)

A That's OK. It's not a _____ deal. (괜찮아요. 대단한 일도 아닌데요.)

STEP 2

• **your** | 당신의

→ Isn't this your wallet? (이거 당신 지갑 아닌가요?)

→ That's your business. (그건 네 사정이지.)

• **almost** | 거의

→ We are almost there. (우리 거기 거의 다 왔어.)

→ Wendy almost fell. (Wendy는 거의 넘어졌어. / 넘어질 뻔했어.)

• **coffee** | 커피

→ I drink coffee every morning. (난 매일 아침 커피를 마셔.)

→ She can't live without coffee. (그녀는 커피 없이는 못 살아.)

• **big** | 큰

→ I have a big problem. (나 큰 문제가 생겼어.)

→ It's a big deal to me. (그건 내게는 큰일이야. / 중요한 일이야.)

A Isn't this your pouch? (이거 그쪽 파우치 아닌가요?)

Isn't this (명사)? = 이거 (명사) 아닌가요?

→ Isn't this your pencil? (이거 네 연필 아니니?)

→ Isn't this Amy's pouch? (이거 Amy의 파우치 아니니?)

B Oh, my! I almost lost it. (오, 이런. 고마워요. 잃어버릴 뻔했네요.)

almost (과거동사) = (과거동사)할 뻔했다

→ I almost forgot. (나 잊을 뻔했어.)

→ Harry almost made a mistake. (Harry는 실수할 뻔했어.)

B Thank you! Let me buy you a cup of coffee. (고마워요! 커피 한 잔 살게요.)

buy (사람) (명사) = (사람)에게 (명사)를 사주다

→ Buy me a ring. (내게 반지를 사줘.)

→ I bought my son a toy. (난 내 아들에게 장난감을 사줬어.)

A That's OK. It's not a big deal. (괜찮아요. 대단한 일도 아닌데요.)

a big deal = 대단한, 중요한, 큰일

→ It's a big deal. (그건 중요한 일이야.)

→ It's not a big deal. (그건 대단한 일이 아니야.)

DAY 17

대단한 일도 아니에요

STEP 4

1 이거 그녀의 건물 아닌가요? =_____

2 우리 그 버스를 놓칠 뻔했어. =_____

3 난 내 딸에게 로봇을 사줬어. =_____

4 그게 중요한 일인가? =_____

Isn't this her building? | We almost missed the bus. | I bought my daughter a robot. | Is it a big deal?

045

이 재킷 완전 제 스타일이네요! _쇼핑

STEP 1

A These are _____ in. (이것들은 방금 들어왔어요.)

B Ooh! This jacket is _____ my style! (오우! 이 재킷 완전 제 스타일이네요!)

A That's actually a _____ item. (그건 사실 남녀 공용 상품이에요.)

B I want one for myself and one for my _____.
(제 것 하나, 제 남편 것 하나를 원해요.)

STEP 2

- **just** | 방금
  → Mayu just left. (마유는 방금 떠났어요.)
  → I just got here. (난 방금 여기 도착했어.)

- **totally** | 완전히
  → Ella is totally my type. (Ella는 완전 내 타입이야.)
  → We are totally late. (우리 완전 늦었어.)

- **unisex** | 남녀 공용의
  → Is this a unisex shirt? (이거 남녀 공용 셔츠인가요?)
  → I'm looking for unisex items. (남녀 공용 상품들을 찾고 있는데요.)

- **husband** | 남편
  → My husband is so lazy. (내 남편은 엄청 게을러.)
  → She has a romantic husband. (그녀는 로맨틱한 남편이 있어.)

A **These are just in.** (이것들은 방금 들어왔어요.)

There are (형용사). = 이것들은 (형용사)해요.

→ These are popular. (이것들은 인기가 많아요.)

→ These are sold out. (이것들은 품절이에요.)

B **Ooh! This jacket is totally my style!** (오우! 이 재킷 완전 제 스타일이네요!)

(주어) am/are/is (명사). = (주어)는 (명사)예요.

→ This design is my style. (이 디자인은 제 스타일이에요.)

→ These spoons are samples. (이 스푼들은 샘플들이에요.)

A **That's actually a unisex item.** (그건 사실 남녀 공용 상품이에요.)

actually = 사실상

→ Actually, he is not my brother. (사실, 그는 내 남동생이 아니에요.)

→ I actually like yogurt. (난 사실 요거트를 좋아해.)

B **I want one for myself and one for my husband.**

(제 것 하나, 제 남편 것 하나를 원해요.)

for (명사) = (명사)를 위해, 위한

→ Let me sing for you. (널 위해 노래할게.)

→ I bought this scarf for my wife. (난 내 아내를 위해 이 스카프를 샀어.)

DAY 18

이 재킷 완전 제 스타일이네요!

1 이것들은 새 상품들이에요. =_____

2 난 네 여자 친구야. =_____

3 사실상, 우린 친구야. =_____

4 날 위해 춤을 춰줘. =_____

These are new items. | I am your girlfriend. | Actually, we are friends. | Dance for me.

줄이 긴 게 당연하네요

_식당

STEP 1

A It was the best _____ food ever! (여태껏 최고의 한국 음식이었어요!)

B I'm _____ you liked it. (마음에 드셨다니 다행이네요.)

A No wonder there's a long _____. (줄이 긴 게 당연하네요.)

B _____ wait for hours to eat here. (사람들이 여기서 먹으려고 수 시간을 기다려요.)

STEP 2

- **Korean** | 한국의, 한국인

  → Peter has many Korean friends. (Peter는 한국인 친구가 많아.)

  → I like Korean songs. (난 한국 노래가 좋아.)

- **glad** | 기쁜, 다행인

  → I'm glad to see you again. (당신을 다시 봐서 기뻐요.)

  → I'm glad you are my boss. (당신이 내 상사여서 다행이에요.)

- **line** | 줄

  → That's a long line! (줄이 길군요!)

  → What are these lines? (이 줄들은 뭐죠?)

- **people** | 사람들

  → These people are kind. (이 사람들은 친절해.)

  → I know a lot of people. (난 많은 사람들을 알아.)

A **It was the best Korean food ever!** (여태껏 최고의 한국 음식이었어요!)

(최상급 형용사 + 명사) ever = 여태껏 최고의 (명사)

→ She is the best singer ever. (그녀는 여태껏 최고의 가수야.)

→ This is the fastest car ever. (이건 여태껏 가장 빠른 차야.)

B **I'm glad you liked it.** (마음에 드셨다니 다행이네요.)

I'm glad (평서문). = (평서문)이라 다행이야.

→ I'm glad you are safe. (네가 안전해서 다행이야.)

→ I'm glad your son is OK. (당신 아들이 괜찮아서 다행이에요.)

A **No wonder there's a long line.** (줄이 긴 게 당연하네요.)

No wonder (평서문). = (평서문)인 게 당연하네.

→ No wonder she has many fans. (그녀가 팬이 많은 게 당연하네.)

→ No wonder you are tired. (네가 피곤한 게 당연하네.)

B **People wait for hours to eat here.**

(사람들이 여기서 먹으려고 수 시간을 기다려요.)

to (동사원형) = (동사원형)하기 위해

→ I'm learning English to travel. (난 여행하기 위해 영어를 배우고 있어.)

→ I took a taxi to get here. (난 여기 오기 위해 택시를 탔어.)

DAY 19

줄이 긴 게 당연하네요

1 마유는 여태껏 가장 쿨한 선생님이야. =＿＿＿＿＿＿＿＿

2 네가 내 음식을 좋아해서 다행이야. =＿＿＿＿＿＿＿＿

3 그녀가 졸린 게 당연하네. =＿＿＿＿＿＿＿＿

4 그 문을 열기 위해 이 열쇠를 사용해. =＿＿＿＿＿＿＿＿

Use this key to open the door.

Mayu is the coolest teacher ever. | I'm glad you like my food. | No wonder she is sleepy.

이 브로슈어들은 뭐예요?

여행

STEP 1

A Where can I get a city _____? (어디서 시내 지도를 얻을 수 있을까요?)

B _____ maps are available in the lobby. (무료 지도는 로비에서 구하실 수 있어요.)

A What are these _____? (이 브로슈어들은 뭐예요?)

B Those have _____ on attractions.
(그것들은 관광명소에 관한 정보를 가지고 있어요.)

STEP 2

- **map** | 지도
  → I need a city map. (난 시내 지도가 필요해.)
  → They don't sell maps here. (여기 지도는 안 판대.)

- **free** | 무료인
  → They gave me a free map. (그들은 내게 무료 지도를 줬어.)
  → Nothing is free in life. (인생에 공짜인 건 없다.)

- **brochure** | 브로슈어
  → Check out this brochure! (이 브로슈어를 봐봐!)
  → Where did you find this brochure? (넌 이 브로슈어를 어디서 찾아냈니?)

- **information** | 정보
  → I need more information. (전 더 많은 정보가 필요해요.)
  → This information is valuable. (이 정보는 가치가 있어.)

A **Where can I get a city map?** (어디서 시내 지도를 얻을 수 있을까요?)

Where can I get (명사)? = 어디서 (명사)를 얻을 수 있을까요?

→ Where can I get a free map? (어디서 무료 지도를 얻을 수 있을까요?)

→ Where can I get the information? (어디서 그 정보를 얻을 수 있을까요?)

B **Free maps are available in the lobby.** (무료 지도는 로비에서 구하실 수 있어요.)

available = 구할 수 있는

→ His new book is available at any bookstores.
(그의 새 책은 아무 서점에서나 구할 수 있어요.)

→ It's not available yet. (그건 아직 구하실 수 없어요.)

A **What are these brochures?** (이 브로슈어들은 뭐예요?)

What are (복수명사)? = (복수명사)들은 뭔가요?

→ What are your thoughts? (네 생각들은 뭐니? / 네 생각은 어떠니?)

→ What are these stains? (이 얼룩들은 뭐니?)

B **Those have information on attractions.**

(그것들은 관광명소에 관한 정보를 가지고 있어요.)

information on (명사) = (명사)에 관한 정보

→ I need more information on it. (난 그것에 관한 더 많은 정보가 필요해.)

→ I sent you some information on the topic. (그 토픽에 대한 정보를 너에게 좀 보냈어.)

1 제가 어디서 당신의 책을 얻을 수 있을까요? =_____

2 그걸 벌써 구할 수 있나요? =_____

3 이 동그라미들은 뭔가요? =_____

4 난 그에 관한 더 많은 정보가 필요해. =_____

Where can I get your book? | Is it already available? | What are these circles? | I need more information on him.

그만 쿵쾅거려라!

CHECK | 손영작 □ 입영작 □ 반복낭독 □ 수업 듣기 □

STEP 1

A _____ stomping around! (그만 쿵쾅거려라!)

B _____, I did it again. (아이고, 또 그래버렸네요.)

A The family downstairs might _____.
(아래층에 사는 가족이 어쩌면 불평할지도 몰라.)

B I won't do it _____. (다신 안 그럴게요.)

STEP 2

• **stop** | 멈추다, 그만하다
   → Stop walking around. (그만 좀 돌아다녀.)
   → Stop the noise! (그 소음을 멈춰!)

• **Oops** | 아이고
   → Oops, My mistake. (아이고, 내 실수!)
   → Oops, I dropped it again. (아이고, 그걸 또 떨어뜨렸네.)

• **complain** | 불평하다
   → The same customer complained again. (그 같은 손님이 또 불평했어.)
   → Stop complaining! (그만 불평해!)

• **again** | 다시
   → We won again. (우리 또 이겼어.)
   → Never do it again. (다시는 절대 그러지 마.)

STEP 3

A Stop stomping around! (그만 쿵쾅거려라!)

stop (~ing) = (~ing)하는 걸 멈추다

→ Stop talking about her. (그녀에 대해 그만 얘기해.)

→ My dog stopped barking. (내 개는 짖는 걸 멈췄어.)

B Oops, I did it again. (아이고, 또 그래버렸네요.)

(과거동사) = (과거동사)했다

→ It happened again. (그게 다시 벌어졌어.)

→ She forgave me. (그녀는 날 용서했어.)

A The family downstairs might complain.

(아래층에 사는 가족이 어쩌면 불평할지도 몰라.)

might (동사원형) = 어쩌면 (동사원형)할지도 모른다

→ He might come back. (그가 어쩌면 돌아올지도 몰라.)

→ She might be sick. (그녀는 어쩌면 아플지도 몰라.)

B I won't do it again. (다신 안 그럴게요.)

won't (동사원형) = (동사원형)하지 않을게 / 않을래

→ I won't say anything. (난 아무 말도 하지 않을게.)

→ We won't go there. (우린 거기에 가지 않을래.)

STEP 4

1 우는 걸 멈춰. = _____

2 난 내 열쇠를 잃어버렸어. = _____

3 그들은 어쩌면 포기할지도 몰라. = _____

4 난 늦지 않을게. = _____

Stop crying. | I lost my key. | They might give up. | I won't be late.

DAY 22 그건 불가능해!

CHECK | 손영작 □ 입영작 □ 반복낭독 □ 수업 듣기 □

STEP 1

A Thomas is _____ than you, right? (Thomas가 너보다 나이 많지, 응?)

B Actually, he is my _____. (사실, 걔 나랑 동갑이야.)

A No way! That's _____! (말도 안 돼! 그건 불가능해!)

B I was _____ in March and he was born in May.
(난 3월에 태어나고 걔는 5월에 태어났어.)

STEP 2

- **older** | 나이가 더 많은
  - → I am older than my cousin. (난 내 사촌보다 나이가 더 많아.)
  - → My car is older than yours. (내 차는 네 것보다 더 오래됐어.)

- **age** | 나이
  - → I need his age. (난 그의 나이가 필요해.)
  - → We already know his age. (우린 이미 그의 나이를 알아.)

- **impossible** | 불가능한
  - → Nothing is impossible. (불가능한 건 없다.)
  - → This is an impossible mission. (이건 불가능한 임무야.)

- **born** | 태어난
  - → Mayu was born in November. (마유는 11월에 태어났어.)
  - → I was born in Seoul. (난 서울에서 태어났어.)

A Thomas is older than you, right? (Thomas가 너보다 나이 많지, 응?)

(비교급 형용사) than (명사) = (명사)보다 더 (비교급 형용사)한

→ I am prettier than you. (난 너보다 더 예뻐.)

→ She is busier than us. (그녀는 우리보다 더 바빠.)

B Actually, he is my age. (사실, 걔 나랑 동갑이야.)

(주어) am/are/is my age. = (주어)는 나랑 동갑이야.

→ Mayu is my age. (마유는 나랑 동갑이야.)

→ They are my age. (그들은 나랑 동갑이야.)

A No way! That's impossible! (말도 안 돼! 그건 불가능해!)

No way! = 말도 안 돼!

→ Superman is my friend. / No way! (Superman은 내 친구야. / 말도 안 돼!)

→ We won the game. / No way! (우리가 그 게임을 이겼어. / 말도 안 돼!)

B I was born in March and he was born in May.

(난 3월에 태어나고 걔는 5월에 태어났어.)

in (월) = (월)에

→ Jerry was born in January. (Jerry는 1월에 태어났어.)

→ I moved to America in April. (난 4월에 미국으로 이민 갔어.)

1 내 아기는 이 상자보다 더 무거워. =＿＿＿＿＿＿＿＿＿

2 내 여자 친구는 나랑 동갑이야. =＿＿＿＿＿＿＿＿＿

3 그는 아이가 있어. / 말도 안 돼! =＿＿＿＿＿＿＿＿＿

4 난 10월에 서울로 이사했어. =＿＿＿＿＿＿＿＿＿

My baby is heavier than this box. | My girlfriend is my age. | He has a kid. / No way! | I moved to Seoul in October.

매일 몇 시에 닫으시나요?

CHECK | 손영작 ☐ 입영작 ☐ 반복낭독 ☐ 수업 듣기 ☐

STEP 1

A What time do you close _____ _____? (매일 몇 시에 닫으시나요?)

B We _____ at 9pm from Monday to Friday.
(저희는 월요일부터 금요일까지 오후 9시에 닫습니다.)

A How about _____? (토요일은요?)

B We close at 10pm on _____. (매주 주말에는 10시에 닫습니다.)

STEP 2

• **every day** | 매일매일
  → I work out every day. (난 매일매일 운동해.)
  → I watch 왕초보영어 every day. (난 매일매일 왕초보영어를 시청해.)

• **close** | 닫다
  → Please close the window. (그 창문을 닫아주세요.)
  → Don't close the trunk. (그 트렁크를 닫지 마.)

• **Saturday** | 토요일
  → I'll see you on Saturday. (토요일에 보자.)
  → It's already Saturday! (벌써 토요일이야!)

• **weekend** | 주말
  → What did you do over the weekend? (넌 주말 동안 뭐했니?)
  → I work on weekends. (난 매주 주말에 일해.)

A **What time do you close every day?** (매일 몇 시에 닫으시나요?)

What time do you (동사원형)? = 몇 시에 (동사원형)하시나요?

→ What time do you go to bed? (넌 몇 시에 잠자리에 드니?)

→ What time do you go to work? (넌 몇 시에 출근하니?)

B **We close at 9pm from Monday to Friday.**

(저희는 월요일부터 금요일까지 오후 9시에 닫습니다.)

from (시기1) to (시기2) = (시기1)부터 (시기2)까지

→ I work from 9am to 6pm. (난 오전 9시부터 오후 6시까지 일해.)

→ We work from Monday to Thursday. (우린 월요일에서부터 목요일까지 일해.)

A **How about Saturday?** (토요일은요?)

How about (명사)? = 명사는 어때요?

→ How about Sunday? (일요일은 어때요?)

→ How about now? (지금은 어때요?)

B **We close at 10pm on weekends.** (매주 주말에는 10시에 닫습니다.)

at (시간) = (시간)에

→ I woke up at 7. (난 7시에 깼어.)

→ Let's leave at 5. (5시에 떠나자.)

STEP 4

1 넌 몇 시에 일어나? = _____

2 난 오후 2시부터 오후 4시까지 공부했어. = _____

3 목요일은 어때요? = _____

4 난 2시에 나올 수 있어. = _____

What time do you get up? | I studied from 2pm to 4pm. | How about Thursday? | I can come out at 2.

포크 좀 가져다주실 수 있을까요? 식당

STEP 1

A Do you _____ anything, ma'am? (뭐라도 필요하신가요, 부인?)

B Could you bring me a _____? (포크 좀 가져다주실 수 있을까요?)

B My son doesn't know how to use _____.
(제 아들이 젓가락 쓰는 법을 몰라요.)

A I'll be right _____. (금방 돌아오겠습니다.)

STEP 2

• **need** | 필요로 하다

→ I need three chairs. (전 의자 3개가 필요해요.)

→ We need more water. (저희는 더 많은 물이 필요해요.)

• **fork** | 포크

→ I dropped my fork. (제 포크를 떨어뜨렸어요.)

→ Can I get an extra fork? (포크 추가로 받을 수 있을까요?)

• **chopsticks** | 젓가락

→ Jim knows how to use chopsticks. (Jim은 젓가락 쓰는 법을 알아.)

→ Where are my chopsticks? (내 젓가락 어디 있지?)

• **back** | 돌아온

→ He is already back. (그는 이미 돌아왔어.)

→ I'll be back. (돌아올게.)

A Do you need anything, ma'am? (뭐라도 필요하신가요, 부인?)

Do you need (명사)? = (명사)가 필요한가요?

→ Do you need more time? (더 많은 시간이 필요한가요?)

→ Do you need help? (도움이 필요한가요?)

B Could you bring me a fork? (포크 좀 가져다주실 수 있을까요?)

bring (사람) (명사) = (사람)에게 (명사)를 가져다주다

→ Bring me my pillow. (나한테 내 베개를 가져다줘.)

→ I brought him some water. (난 그에게 물을 좀 가져다줬어).

B My son doesn't know how to use chopsticks.

(제 아들이 젓가락 쓰는 법을 몰라요.)

how to (동사원형) = (동사원형)하는 법

→ I know how to speak English. (난 영어 하는 법을 알아.)

→ I don't remember how to open this box. (난 이 상자를 여는 법을 까먹었어.)

A I'll be right back. (금방 돌아오겠습니다.)

will (동사원형) = (동사원형)할 거야 / 할게 / 할래

→ I will be there. (내가 거기에 있을게.)

→ I will be in Seoul. (난 서울에 있을 거야.)

1 넌 더 많은 돈이 필요하니? =_____

2 나한테 내 가방을 가져다줘. =_____

3 난 노래하는 법을 배웠어. =_____

4 난 제주에 있을 거야. =_____

Do you need more money? | Bring me my bag. | I learned how to sing. | I will be in Jeju.

여쭤봐서 다행이네요

_여행

CHECK | 손영작 ☐ 입영작 ☐ 반복낭독 ☐ 수업 듣기 ☐

STEP 1

A Does this bus go to the _____? (이 버스가 공항으로 가나요?)

B You have to take the _____ bus. (다음 버스를 타야 해요.)

A I'm glad I _____ you. (여쭤봐서 다행이네요.)

B It'll be here in 10 _____. (10분 있다가 여기 올 거예요.)

STEP 2

• **airport** | 공항

→ We arrived at the airport. (우린 공항에 도착했어.)

→ The airport is closed. (공항이 닫혀 있어.)

• **next** | 다음의

→ Who is next? (누가 다음이지?)

→ Read the next page. (다음 페이지를 읽어.)

• **ask** | 물어보다

→ Ask me anything. (나한테 아무거나 물어봐.)

→ Why don't you ask dad? (아빠한테 물어보는 게 어떠니?)

• **minute** | 분

→ Give me 5 more minutes. (내게 5분만 더 줘.)

→ They left 10 minutes ago. (그들은 10분 전에 떠났어.)

A Does this bus go to the airport? (이 버스가 공항으로 가나요?)

  Does/Do (주어) (동사원형)? = (주어)는 (동사원형)하나요?

→ Does Lisa live here? (Lisa가 여기에 사나요?)

→ Do they work in Busan? (그들은 부산에서 일하나요?)

B You have to take the next bus. (다음 버스를 타야 해요.)

  take (교통수단) = (교통수단)을 이용하다 / 타다

→ I took a train. (난 기차를 탔어.)

→ Let's take a taxi. (택시를 타자.)

A I'm glad I asked you. (여쭤봐서 다행이네요.)

  I'm glad (평서문). = (평서문)이라서 다행이야.

→ I'm glad you like this musical. (네가 이 뮤지컬을 좋아해서 다행이야.)

→ I'm glad you didn't forget. (네가 잊지 않아서 다행이야.)

B It'll be here in 10 minutes. (10분 있다가 여기 올 거예요.)

  in (기간) = (기간) 있다가

→ Call me in 3 minutes. (3분 있다가 나한테 전화해.)

→ I can come out in 20 minutes. (난 20분 있다가 나올 수 있어.)

1 마유는 여동생이 있니? =_____

2 넌 버스를 탔니? =_____

3 우리가 친구라 다행이야. =_____

4 그가 너에게 2시간 있다가 전화할 거야. =_____

Does Mayu have a sister? | Did you take a bus? | I'm glad we are friends. | He will call you in 2 hours.

가서 인사하는 게 좋겠네요
_가정

STEP 1

A What's this _____ cake, honey? (여보, 이 떡 뭐예요?)
B Oh, it's from the _____ in 301. (아, 그거 301호 가족이 준 거예요.)
B They just moved into the _____. (방금 이웃으로 이사 왔어요.)
A I should go say _____. (가서 인사하는 게 좋겠네요.)

STEP 2

- **rice** | 쌀, 밥
  - → Here's some rice. (여기 밥이 좀 있어요.)
  - → I can't live without rice. (난 밥 없이는 못 살아.)

- **family** | 가족
  - → Where is your family? (너희 가족은 어디에 있니?)
  - → I want a family. (난 가족을 원해.)

- **neighborhood** | 이웃
  - → Mayu lives in our neighborhood. (마유가 우리 이웃에 살아.)
  - → We live in a quiet neighborhood. (우린 조용한 이웃에 살아.)

- **hi** | 안녕
  - → Say hi. (인사해.)
  - → Say hi to your friends. (네 친구들에게 인사해줘. / 안부 전해줘.)

A **What's this rice cake, honey?** (여보, 이 떡 뭐예요?)

What is/are (명사)? = (명사)는 뭐야?

→ What is this blue box? (이 파란 상자는 뭐야?)

→ What are these coins? (이 동전들은 뭐야?)

B **Oh, it's from the family in 301.** (아, 그거 301호 가족이 준 거예요.)

(사람) in (호수) = (호수)에 사는 (사람)

→ It's from the lady in 101. (그건 101호에 사는 여자분이 준 거예요.)

→ The little boy in 109 is so cute. (109호에 사는 어린 남자애 엄청 귀여워.)

B **They just moved into the neighborhood.** (방금 이웃으로 이사 왔어요.)

move into (명사) = (명사)로 이사하다

→ They moved into a rich neighborhood. (그들은 부유한 이웃으로 이사 왔어.)

→ My family moved into a safe neighborhood.
(내 가족은 안전한 이웃으로 이사했어.)

A **I should go say hi.** (가서 인사하는 게 좋겠네요.)

should (동사원형) = (동사원형)하는 게 좋겠다

→ I should walk the dog. (개를 산책시키는 게 좋겠어.)

→ We should talk. (우리 얘기 좀 해야겠어.)

DAY 26

가서 인사하는 게 좋겠네요

1 이 빨간 버튼은 뭐야? = _____

2 302호에 사는 여자애는 내 친구야. = _____

3 새로운 이웃으로 이사하자. = _____

4 넌 잠자리에 드는 게 좋겠다. = _____

What is this red button? | The girl in 302 is my friend. | Let's move into a new neighborhood. | You should go to bed.

필라테스 레슨 등록하러 왔는데요 _일상

STEP 1

A I'm here to sign up for a _____ lesson. (필라테스 레슨 등록하러 왔는데요.)

B Have you learned Pilates _____? (전에 필라테스를 배워본 적 있나요?)

A _____, this is my first time. (음, 이번이 처음이에요.)

B No _____. Follow me this way. (문제없죠. 이쪽으로 절 따라오세요.)

STEP 2

- **Pilates** | 필라테스
  → I want to learn Pilates. (난 필라테스를 배우고 싶어.)
  → Pilates is not for me. (필라테스는 날 위한 게 아니야. / 나한테 안 맞아.)

- **before** | 전에
  → I have seen this movie before. (난 이 영화를 전에 본 적 있어.)
  → Have you learned Chinese before? (넌 전에 중국어를 배워본 적 있니?)

- **well** | 음, 글쎄
  → Well, I think so. (음, 그런 거 같아.)
  → Well, that's not my fault. (글쎄, 그건 내 잘못이 아니야.)

- **problem** | 문제
  → Is that a problem? (그게 문제인가요? / 문제가 되나요?)
  → Annie has a big problem. (Annie는 큰 문제가 있어.)

A I'm here to sign up for a Pilates lesson. (필라테스 레슨 등록하러 왔는데요.)

　　sign up for (명사) = (명사)를 등록하다

→ I signed up for his class. (난 그의 수업을 등록했어.)

→ Let's sign up for the lesson together. (같이 그 레슨을 등록하자.)

B Have you learned Pilates before? (전에 필라테스를 배워본 적 있나요?)

　　Have you (p.p.)? = (p.p.)해본 적 있니?

→ Have you learned Spanish? (너 스페인어 배워본 적 있니?)

→ Have you driven a sport car before? (너 전에 스포츠카 몰아본 적 있니?)

A Well, this is my first time. (음, 이번이 처음이에요.)

　　This is my (서수) time. = 이번이 제 (서수) 번째예요.

→ This is my second time. (이번이 제 두 번째예요.)

→ This is her first time. (이번이 그녀는 처음이에요.)

B No problem. Follow me this way. (문제없죠. 이쪽으로 절 따라오세요.)

　　this way = 이쪽으로, 이렇게

→ Come this way. (이쪽으로 오세요.)

→ Move this way. (이렇게 움직이세요.)

1 난 그녀의 수업을 등록했어. =＿＿＿＿＿＿＿＿＿＿＿＿＿＿＿

2 너 우리 형 본 적 있니? =＿＿＿＿＿＿＿＿＿＿＿＿＿＿＿

3 이번이 제 세 번째예요. =＿＿＿＿＿＿＿＿＿＿＿＿＿＿＿

4 이쪽으로 달려. =＿＿＿＿＿＿＿＿＿＿＿＿＿＿＿

I signed up for her class. | Have you seen my brother? | This is my third time. | Run this way.

STEP 1

A I need _____ for a 15-month-old.
(15개월 된 아기를 위한 멜빵바지가 필요한데요.)
A It's for my little _____. (제 어린 여자 조카를 위한 거예요.)
B This one is very _____. (이게 아주 인기 많아요.)
B It will fit her _____. (조카에게 완벽히 맞을 거예요.)

STEP 2

• **overalls** | 멜빵바지
→ You look so cute in your overalls. (너 멜빵바지 입으니까 엄청 귀여워 보여.)
→ I wore overalls yesterday. (나 어제 멜빵바지 입었어.)

• **niece** | 여자 조카
→ I have a 8-month-old niece. (난 8개월 된 여자 조카가 있어.)
→ My niece just started walking. (내 여자 조카는 방금 걷기 시작했어.)

• **popular** | 인기 많은
→ 왕초보영어 is a popular show. (왕초보영어는 인기 많은 프로그램이야.)
→ Nathan is a popular boy. (Nathan은 인기 많은 소년이야.)

• **perfectly** | 완벽히
→ She performed perfectly. (그녀는 완벽하게 공연을 했어.)
→ The plane landed perfectly. (그 비행기는 완벽하게 착륙했어.)

A I need overalls for a 15-month-old.

(15개월 된 아기를 위한 멜빵바지가 필요한데요.)

(숫자)-month-old = (숫자)개월 된

→ I have a 3-month-old son. (난 3개월 된 아들이 있어.)

→ My 10-month-old daughter needs my care.

(내 10개월 된 딸은 내 보살핌이 필요해.)

A It's for my little niece. (제 어린 여자 조카를 위한 거예요.)

(명사1) is for (명사2) = (명사1)은 (명사2)를 위한 거야.

→ This song is for my wife. (이 노래는 내 아내를 위한 거야.)

→ This rose is for my girlfriend. (이 장미는 내 여자 친구를 위한 거야.)

B This one is very popular. (이게 아주 인기 많아요.)

one = 것

→ We have a green one, too. (저희는 녹색으로 된 것도 있어요.)

→ I like that one. (난 저것이 마음에 들어.)

B It will fit her perfectly. (조카에게 완벽히 맞을 거예요.)

fit (사람) = (사람)에게 맞다

→ It won't fit me. (그건 내게 안 맞을 거야.)

→ My sweater fits my sister. (내 스웨터가 우리 언니에게 맞아.)

1 그녀는 18개월 된 아들이 있어. =_____

2 이 책은 내 학생들을 위한 거예요. =_____

3 난 그 노란 것을 선택했어. =_____

4 내 치마가 내 딸에게 맞아. =_____

My skirt fits my daughter.

| She has an 18-month-old son. | This book is for my students. | I chose the yellow one.

저 그거 버렸는데요

CHECK | 손영작 ☐ 입영작 ☐ 반복낭독 ☐ 수업 듣기 ☐

STEP 1

A What's the WIFI _____ here? (여기 와이파이 비밀번호가 뭔가요?)

B It's on your _____. (손님 영수증에 씌어 있습니다.)

A Oh, I _____ it away. (아, 저 그거 버렸는데요.)

B Let me _____ it down for you. (제가 그걸 적어드릴게요.)

STEP 2

• **password** | 비밀번호

　→ What's your password? (네 비밀번호는 뭐니?)

　→ I can't tell you my password. (난 너에게 내 비밀번호를 말해줄 수 없어.)

• **receipt** | 영수증

　→ I need your receipt. (손님의 영수증이 필요합니다.)

　→ I lost my receipt. (제 영수증을 잃어버렸어요.)

• **throw** | 던지다

　→ She threw the ball at me. (그녀는 그 공을 내게 던졌어.)

　→ Don't throw it! (그거 던지지 마!)

• **write** | 쓰다

　→ Please write your name here. (성함을 여기에 써주세요.)

　→ I wrote a letter. (난 편지를 썼어.)

A **What's the WIFI password here?** (여기 와이파이 비밀번호가 뭔가요?)

here = 여기

→ What's the phone number here? (여기 전화번호가 뭔가요?)

→ What's the address here? (여기 주소가 뭔가요?)

B **It's on your receipt.** (손님 영수증에 씌어 있습니다.)

on (명사) = (명사)의 위에

→ My wallet is on the table. (내 지갑은 탁자 위에 있어.)

→ Our phone number is on the receipt. (저희 전화번호는 그 영수증에 씌어 있습니다.)

A **Oh, I threw it away.** (아, 저 그거 버렸는데요.)

throw (명사) away = (명사)를 버리다

→ Please throw this away. (이걸 버려주세요.)

→ I didn't throw it away. (나 그거 안 버렸어.)

B **Let me write it down for you.** (제가 그걸 적어드릴게요.)

write (명사) down = (명사)를 적다

→ Write my number down. (내 번호를 적어.)

→ Did you write it down? (너 그거 받아 적었어?)

DAY 29

저 그거 버렸는데요

1 여기 건물 번호가 뭔가요? =_____

2 내 필통은 그 책상 위에 있어. =_____

3 그거 버리지 마! =_____

4 이 이름을 적어. =_____

What's building number here? | My pencil case is on the desk. | Don't throw it away! | Write this name down.

이거 그냥 선물인데요

CHECK | 손영작 ☐ 입영작 ☐ 반복낭독 ☐ 수업 듣기 ☐

STEP 1

A This _____ bat is not allowed on the plane.
(이 야구방망이는 비행기에 허용되지 않습니다.)

B Oh, boy. I didn't _____ that. (오, 이런. 저 그거 몰랐어요.)

B This is just a _____. (이거 그냥 선물인데요.)

A I'm afraid it's still not _____. (유감이지만 여전히 허용되지 않아요.)

STEP 2

• **baseball** | 야구
  → I am not good at baseball. (난 야구를 잘 못해.)
  → Do you want to play baseball? (너 야구 하고 싶니?)

• **know** | 알고 있다
  → I already know that. (저 그거 이미 알고 있어요.)
  → I knew your name. (난 네 이름을 알고 있었어.)

• **gift** | 선물
  → I bought a gift for you. (널 위해 선물을 샀어.)
  → There's a gift shop. (선물 가게가 있어.)

• **allowed** | 허용되는
  → Children are not allowed here. (아이들은 여기에 허용되지 않아요.)
  → Drinks are allowed. (음료는 허용돼요.)

A **This baseball bat is not allowed on the plane.**

(이 야구방망이는 비행기에 허용되지 않습니다.)

on the plane = 비행기에, 비행기에서, 비행기에 탑승한

→ Water is not allowed on the plane. (물은 비행기에 허용되지 않아요.)

→ I am on the plane. (난 비행기에 탑승해 있어.)

B **Oh, boy. I didn't know that.** (오, 이런. 저 그거 몰랐어요.)

Oh, boy. = 오, 이런.

→ I lost my key. / Oh, boy. (나 내 열쇠 잃어버렸어. / 오, 이런.)

→ I forgot my wallet. / Oh, boy. (나 내 지갑을 잊었어. / 오, 이런.)

B **This is just a gift.** (이거 그냥 선물인데요.)

just (명사) = 그냥 (명사)일 뿐

→ It's just a small mistake. (그건 그냥 작은 실수일 뿐이야.)

→ It's just money. (그건 그냥 돈일 뿐이야.)

A **I'm afraid it's still not allowed.** (유감이지만 여전히 허용되지 않아요.)

I'm afraid (평서문). = 유감이지만 (평서문)이에요.

→ I'm afraid he is not here. (유감이지만 그는 여기에 없어요.)

→ I'm afraid she doesn't work here anymore.

(유감이지만 그녀는 더 이상 여기서 일을 안 해요.)

STEP 4

1 그녀는 비행기에 탑승해 있니? = _____

2 그녀가 내게 전화했어. / 오, 이런. = _____

3 난 그냥 소년일 뿐이야. = _____

4 유감이지만 그녀는 바빠요. = _____

Is she on the plane? | She called me. / Oh, boy. | I'm just a boy. | I'm afraid she is busy.

학교에서 즐거운 시간 보내렴!

_가정

STEP 1

A Mom, I'm off to _____. (엄마, 저 학교 가요.)

B Where's your lunch _____? (네 도시락통은 어딨니?)

A Oh, my! I almost _____. (오, 이런! 잊을 뻔했네요.)

B Have _____ in school! (학교에서 즐거운 시간 보내렴!)

STEP 2

• **school** | 학교

→ She went to school. (그녀는 학교에 갔어.)

→ Is your school far from here? (너희 학교는 여기서 머니?)

• **box** | 상자

→ I need a to-go box. (난 음식 포장용 상자가 필요해.)

→ Do you have a bigger box? (너 더 큰 상자 있니?)

• **forget** | 잊다

→ Don't forget this moment. (이 순간을 잊지 마.)

→ They forget everything. (그들은 다 까먹었어.)

• **fun** | 재미, 즐거움

→ We need more fun. (우린 더 많은 재미가 필요해.)

→ Did you have fun? (즐거운 시간을 가졌니?)

A Mom, I'm off to school. (엄마, 저 학교 가요.)

I'm off to (장소). = 저 (장소)에 가요.

→ I'm off to work! (저 일 가요!)

→ My son is off to college. (내 아들은 대학에 가.)

B Where's your lunch box? (네 도시락통은 어딨니?)

Where is/are (주어)? = (주어)는 어디에 있니?

→ Where is your dog? (네 개는 어디에 있니?)

→ Where are your friends? (네 친구들은 어디에 있니?)

A Oh, my! I almost forgot. (오, 이런! 잊을 뻔했네요.)

almost (과거동사) = (과거동사)할 뻔했다

→ I almost lost my ring. (난 내 반지를 잃어버릴 뻔했어.)

→ Mini almost lost her mouse. (Mini는 자기 마우스를 잃어버릴 뻔했어.)

B Have fun in school! (학교에서 즐거운 시간 보내렴!)

have fun = 즐거운 시간을 보내다

→ We had a lot of fun. (우린 엄청 즐거운 시간을 보냈어.)

→ Let's have fun! (즐거운 시간을 보내자!)

1 저희 학교에 가요! =_____

2 내 충전기가 어디에 있지? =_____

3 우린 그 비행기를 놓칠 뻔했어. =_____

4 우린 즐거운 시간을 보내고 있어. =_____

We are off to school! | Where is my charger? | We almost missed the plane. | We are having fun.

친구가 9D에 살아요

_일상

CHECK | 손영작 ☐ 입영작 ☐ 반복낭독 ☐ 수업 듣기 ☐

STEP 1

A Are you a _____ here? (여기 거주자인가요?)

B No, I'm just visiting my _____. (아뇨, 그냥 제 친구 방문하는 거예요.)

B He _____ in 9D. (친구가 9D에 살아요.)

A Take this _____ parking permit. (이 임시 주차증을 가져가세요.)

STEP 2

• **resident** | 거주자

→ I'm not a resident here. (전 여기 거주자가 아니에요.)

→ The residents protested. (그 거주자들은 항의했어.)

• **buddy** | 친구

→ This is my buddy. (여기는 내 친구야.)

→ My buddies came to my wedding. (내 친구들이 내 결혼식에 왔어.)

• **live** | 살다

→ Olivia lives in 17B. (Oilvia는 17B에 살아.)

→ I used to live in New York City. (난 뉴욕시에 살곤 했어.)

• **temporary** | 임시의

→ This is a temporary license plate. (이건 임시 번호판이에요.)

→ This is just a temporary schedule. (이건 그냥 임시 스케줄이야.)

A **Are you a resident here?** (여기 거주자인가요?)

Are you (명사)? = 넌 (명사)니?

→ Are you a college student? (당신은 대학생인가요?)

→ Are you Mini's teacher? (당신은 Mini의 선생님인가요?)

B **No, I'm just visiting my buddy.** (아뇨, 그냥 제 친구 방문하는 거예요.)

be (~ing) = (~ing)하고 있다

→ I am just travelling. (난 그냥 여행 중이야.)

→ We are thinking about it. (우린 그것에 대해 생각 중이야.)

B **He lives in 9D.** (친구가 9D에 살아요.)

(주어) (동사). = (주어)는 (동사)해. / 기존 사실

→ Whales live in the sea. (고래들은 바다에 살아.)

→ Mayu wears lenses. (마유는 렌즈를 착용해.)

A **Take this temporary parking permit.** (이 임시 주차증을 가져가세요.)

take (명사) = (명사)를 가져가다

→ Take this umbrella. (이 우산을 가져가.)

→ Don't take my money. (내 돈을 가져가지 마.)

STEP 4

1 넌 마유의 학생이니? =_____

2 난 그냥 TV를 보고 있어. =_____

3 새들은 날아. =_____

4 내 신용카드를 가져가. =_____

Are you Mayu's student? | I'm just watching TV. | Birds fly. | Take my credit card.

오, 서두르는 게 좋겠네요!

_쇼핑

STEP 1

A Where can I find _____ milk? (유기농 우유를 어디서 찾을 수 있을까요?)

B Organic _____ are in aisle 10. (유기농 음식들은 10번 통로에 있어요.)

B They are on _____ now. (지금 세일 중이에요.)

A Oh, I'd better _____! (오, 서두르는 게 좋겠네요!)

STEP 2

• **organic** ㅣ 유기농인

→ We use organic ingredients. (저희는 유기농 재료들을 사용합니다.)

→ Organic milk is expensive. (유기농 우유는 비싸.)

• **food** ㅣ 음식

→ I don't like spicy food. (난 매운 음식을 안 좋아해.)

→ We don't have enough food. (우린 음식이 충분치 않아.)

• **sale** ㅣ 세일, 할인

→ Is this on sale? (이거 할인 중인가요?)

→ The biggest sale is coming up. (가장 큰 세일이 다가오고 있습니다.)

• **hurry** ㅣ 서두르다

→ You don't have to hurry. (서두르지 않아도 돼.)

→ Hurry up! (서둘러!)

A **Where can I find organic milk?** (유기농 우유를 어디서 찾을 수 있을까요?)

Where can I find (명사)? = (명사)를 어디서 찾을 수 있을까요?

→ Where can I find plain yogurt? (플레인 요거트를 어디서 찾을 수 있을까요?)

→ Where can I find dental floss? (치실을 어디서 찾을 수 있을까요?)

B **Organic foods are in aisle 10.** (유기농 음식들은 10번 통로에 있어요.)

(명사) is/are in aisle (숫자). = (명사)는 (숫자)번 통로에 있어요.

→ Water is in aisle 2. (물은 2번 통로에 있어요.)

→ Diapers are in aisle 7. (기저귀는 7번 통로에 있어요.)

B **They are on sale now.** (지금 세일 중이에요.)

on sale = 세일 중인

→ This item is not on sale. (이 상품은 세일 중이 아니에요.)

→ Are these containers on sale? (이 용기들은 세일 중인가요?)

A **Oh, I'd better hurry!** (오, 서두르는 게 좋겠네요!)

had better (동사원형) = (동사원형)하는 게 좋을 것이다

→ You had better run. (너 달리는 게 좋을 거야.)

→ She had better apologize to me. (그녀는 내게 사과하는 게 좋을 거야.)

1 달걀들을 어디서 찾을 수 있을까요? =＿＿＿＿＿＿＿＿＿＿＿＿＿＿

2 채소들은 1번 통로에 있어요. =＿＿＿＿＿＿＿＿＿＿＿＿＿＿

3 모든 게 세일 중이에요. =＿＿＿＿＿＿＿＿＿＿＿＿＿＿

4 넌 네 숙제를 하는 게 좋을 거야. =＿＿＿＿＿＿＿＿＿＿＿＿＿＿

You had better do your homework. | Everything is on sale. | Vegetables are in aisle 1. | Where can I find eggs?

CHECK | 손영작 □ 입영작 □ 반복낭독 □ 수업 듣기 □

STEP 1

A Would you please _____ more milk to my coffee?
(제 커피에 우유를 더 추가해주시겠어요?)

B I can _____ do that. (물론 그래드릴 수 있죠.)

B Was that skim _____? (탈지 우유였나요?)

A As a matter of fact, it was _____ milk. (사실, 그거 홀밀크였어요.)

STEP 2

• **add** | 추가하다

→ Add more vinegar. (더 많은 식초를 추가해.)

→ My mother added some salt. (우리 어머니는 소금을 좀 추가했어.)

• **certainly** | 확실히

→ That's certainly true. (그건 확실히 사실이에요.)

→ He is certainly right. (그는 확실히 옳아.)

• **milk** | 우유

→ I hate skim milk. (난 탈지 우유가 싫어.)

→ Milk makes me sick. (우유는 날 메스껍게 만들어.)

• **whole** | 완전한, 전체의

→ Let's forget the whole thing. (전체의 일을 잊자. / 전부 다 잊자.)

→ I prefer whole milk. (난 완전한 우유를 선호해. / 홀밀크를 선호해.)

A Would you please add more milk to my coffee?

(제 커피에 우유를 더 추가해주시겠어요?)

Would you (동사원형)? = (동사원형)해주시겠어요?

→ Would you add more ice? (더 많은 얼음을 추가해주시겠어요?)

→ Would you be quiet? (조용히 해주시겠어요?)

B I can certainly do that. (물론 그래드릴 수 있죠.)

can (동사원형) = (동사원형)할 수 있다

→ I can help you tonight. (난 오늘 밤에 널 도와줄 수 있어.)

→ She can do many push-ups. (그녀는 팔굽혀펴기를 많이 할 수 있어.)

B Was that skim milk? (탈지 우유였나요?)

Was/Were (주어) (명사)? = (주어)는 (명사)였나요?

→ Was this yours? (이게 네 거였어?)

→ Were they your sisters? (그들이 네 언니들이었어?)

A As a matter of fact, it was whole milk. (사실, 그거 홀밀크였어요.)

As a matter of fact, = 사실,

→ As a matter of fact, I don't care. (사실, 난 상관 안 해.)

→ As a matter of fact, I am tired. (사실, 난 피곤해.)

DAY 34

그거 홀밀크였어요

1 저희를 도와주시겠어요? =＿＿＿＿＿＿＿＿＿＿＿

2 난 이 문장을 외울 수 있어. =＿＿＿＿＿＿＿＿＿＿＿

3 그가 너희 아버지였니? =＿＿＿＿＿＿＿＿＿＿＿

4 사실, 영어는 쉬워. =＿＿＿＿＿＿＿＿＿＿＿

As a matter of fact, English is easy.

Would you help us? | I can memorize this sentence. | Was he your father? |

아, 그래서 그렇구나!

여행

STEP 1

A Please step back and _____ again. (물러섰다가 다시 시도해주세요.)

B I have nothing in my _____. (제 주머니에는 아무것도 없는데요.)

A You have to take off your _____, too. (벨트도 푸셔야 합니다.)

B Oh, that's _____! (아, 그래서 그렇구나!)

STEP 2

• **try** | 시도하다

→ You can try again. (다시 시도해봐도 돼요.)

→ She tried three times. (그녀는 세 번을 시도했어.)

• **pocket** | 주머니

→ What's in your pocket? (네 주머니 안에 뭐가 있니?)

→ This shirt has two pockets. (이 셔츠는 주머니가 두 개야.)

• **belt** | 허리띠, 벨트

→ This belt doesn't fit me. (이 벨트는 나한테 안 맞아.)

→ How much is this belt? (이 벨트는 얼마예요?)

• **why** | 이유

→ That is why I hate you. (그게 내가 널 싫어하는 이유야.)

→ This is why I love my child. (이게 내가 내 아이를 사랑하는 이유야.)

A Please step back and try again. (물러섰다가 다시 시도해주세요.)

and = 그리고

→ Move your body and shake your legs. (몸을 움직이고 다리를 흔들어요.)

→ Please come in and join us. (들어오셔서 저희와 함께 하세요.)

B I have nothing in my pockets. (제 주머니에는 아무것도 없는데요.)

in (명사) = (명사)의 안에

→ I have nothing in my room. (내 방 안에는 아무것도 없어요.)

→ There is a pen in the drawer. (그 서랍 안에 펜이 있어요.)

A You have to take off your belt, too. (벨트도 푸셔야 합니다.)

take off (명사) = (명사)를 벗다

→ Take off your hat. (네 모자를 벗어.)

→ I took off my shoes. (난 내 신발을 벗었어.)

B Oh, that's why! (아, 그래서 그렇구나!)

That's why! = 그래서 그렇구나!

→ You like Jason. That's why! (너 Jason 좋아하는구나. 그래서 그렇구나!)

→ He is hungry. That's why! (그는 배가 고프구나. 그래서 그렇구나!)

1 여기에 와서 앉아. =_____

2 Maria는 그녀의 방 안에 있어. =_____

3 네 장갑을 벗어. =_____

4 너 그녀를 아는구나. 그래서 그렇구나! =_____

Come here and sit. | Maria is in her room. | Take off your gloves. | You know her. That's why!

DAY 35

아, 그래서 그렇구나!

DAY 36 무슨 특별한 일 있어요?

_가정

CHECK | 손영작 ☐ 입영작 ☐ 반복낭독 ☐ 수업 듣기 ☐

STEP 1

A Let's go out to eat _____. (오늘 밤엔 먹으러 나가요.)
B Ooh! What's the _____? (오우! 무슨 특별한 일 있어요?)
A I'm just too tired to _____. (그냥 요리하기엔 너무 피곤해서요.)
B _____. Let's get dressed. (좋아요. 옷 입읍시다.)

STEP 2

• **tonight** | 오늘 밤에
→ I want to see you tonight. (오늘 밤에 널 보고 싶어.)
→ Can we go to LA tonight? (우리 오늘 밤에 LA에 갈 수 있을까?)

• **occasion** | (특별한) 행사, 일
→ It was a special occasion. (그건 특별한 행사였어.)
→ It was a memorable occasion. (그건 기억할 만한 일이었어.)

• **cook** | 요리하다
→ My mother is cooking for me. (우리 어머니가 날 위해 요리하고 계셔.)
→ I will never cook for you. (난 절대로 널 위해 요리하지 않을 거야.)

• **Alright.** | 좋아요.
→ Alright. Let's do it. (좋아요. 합시다.)
→ Alright. It's time to go home now. (좋아. 이제 집에 갈 시간이야.)

A Let's go out to eat tonight. (오늘 밤엔 먹으러 나가요.)

go out to eat = 먹으러 나가다

→ We went out to eat last night. (우리 어젯밤에 먹으러 나갔어.)

→ Can we go out to eat today? (우리 오늘 먹으러 나갈 수 있을까?)

B Ooh! What's the occasion? (오우! 무슨 특별한 일 있어요?)

Ooh! = 오우!(감탄)

→ Ooh! What did he say? (오우! 그가 뭐라고 했어?)

→ Ooh! I like your style. (오우! 네 스타일 마음에 든다.)

A I'm just too tired to cook. (그냥 요리하기엔 너무 피곤해서요.)

too (형용사) to (동사원형) = (동사원형)하기엔 너무 (형용사)해

→ I am too hungry to work. (난 일하기엔 너무 배고파.)

→ We are too happy to cry. (우린 울기엔 너무 행복해.)

B Alright. Let's get dressed. (좋아요. 옷 입읍시다.)

get dressed = 옷을 입다

→ Let's get dressed to go out. (나가기 위해 옷을 입자.)

→ She got dressed very quickly. (그녀는 엄청 빨리 옷을 입었어.)

1 너 어젯밤에 먹으러 나갔니? =_____

2 오우! 난 이 노래가 마음에 들어. =_____

3 넌 포기하기엔 너무 젊어. =_____

4 옷 입어! =_____

Get dressed!
Did you go out to eat last night? | Ooh! I like this song. | You are too young to give up. |

083

STEP 1

A Are you _____ for the party? (파티 때문에 신나 있니?)
B Yeah but I don't know what to _____. (그렇기는 한데 뭘 입을지 모르겠어.)
A Don't you have a _____ dress? (너 파티 드레스 있지 않아?)
B It's totally out of _____. (그거 완전 유행 지난 거야.)

STEP 2

- **excited** | 신난, 흥분한
  → I'm not that excited. (난 그렇게 신나진 않아.)
  → She was excited for the concert. (그녀는 그 콘서트에 대해 흥분했었어.)

- **wear** | 입고 다니다, 입은 상태다
  → I wore a blue dress. (난 파란 드레스를 입었어.)
  → Are you wearing my skirt? (너 내 치마 입고 있는 거야?)

- **party** | 파티
  → It was an awesome party. (그건 엄청 멋진 파티였어.)
  → I want to go to a party. (난 파티에 가고 싶어.)

- **style** | 스타일, 유행
  → This jacket is not my style. (이건 내 스타일이 아니야.)
  → This design is out of style. (이 디자인은 유행이 지난 거야.)

A Are you excited for the party? (파티 때문에 신나 있니?)

be excited for (명사) = (명사)에 대해 신나 있다 / 때문에 신나 있다

→ I am excited for my wedding. (난 내 결혼에 대해 신나 있어.)

→ Juliet is excited for tomorrow. (Juliet은 내일 때문에 신나 있어.)

B Yeah but I don't know what to wear. (그렇기는 한데 뭘 입을지 모르겠어.)

what to (동사원형) = 뭘 (동사원형)할지, 해야 할지

→ I don't know what to say. (난 뭘 말해야 할지 모르겠어.)

→ She knows what to do. (그녀는 뭘 해야 할지 알고 있어.)

A Don't you have a party dress? (너 파티 드레스 있지 않아?)

Don't you (동사원형)? = 너 (동사원형)하지 않니?

→ Don't you remember me? (너 나 기억하지 않니?)

→ Don't you know my friend Mayu? (너 내 친구 마유를 알지 않니?)

B It's totally out of style. (그거 완전 유행 지난 거야.)

out of style = 유행이 지난

→ This color is out of style. (이 색은 유행이 지났어.)

→ Loose pants are out of style. (헐렁한 바지는 유행이 지났어.)

DAY 37

그거 완전 유행 지난 거야

1 난 내 생일파티에 대해 신나 있어. =＿＿＿＿＿＿＿＿＿＿＿＿＿＿＿＿

2 난 뭘 먹어야 할지 모르겠어. =＿＿＿＿＿＿＿＿＿＿＿＿＿＿＿＿

3 너 여기서 일하지 않니? =＿＿＿＿＿＿＿＿＿＿＿＿＿＿＿＿

4 이건 유행이 지났나요? =＿＿＿＿＿＿＿＿＿＿＿＿＿＿＿＿

Is this out of style?
I am excited for my birthday party. | I don't know what to eat. | Don't you work here? |

저한테 잔돈 잘못 주신 거 같은데요

_쇼핑 · 1000회 특집 ①

STEP 1

A I think you gave me the wrong _____. (저한테 잔돈 잘못 주신 거 같은데요.)

A I gave you a $10 _____. (제가 10달러짜리 지폐를 드렸거든요.)

B Oh, I _____ it was a $5 bill. (오, 그게 5달러짜리 지폐인 줄 알았어요.)

B Here's the _____ change. (여기 맞는 잔돈이에요.)

STEP 2

- **change** | 잔돈, 거스름돈
  - → Don't forget your change. (거스름돈 잊지 마세요.)
  - → Keep the change. (잔돈은 가지세요.)

- **bill** | 지폐
  - → I need two $5 bills. (전 5달러짜리 지폐 두 장이 필요해요.)
  - → Do you have a $20 bill? (너 20달러짜리 지폐 하나 있니?)

- **think** | 생각하다
  - → I think so. (난 그렇게 생각해.)
  - → I thought so. (난 그렇게 생각했어.)

- **correct** | 맞는, 옳은
  - → That's not the correct answer. (그건 정답이 아니야.)
  - → You are correct. (네가 맞아.)

A **I think you gave me the wrong change.** (저한테 잔돈 잘못 주신 거 같은데요.)

I think (평서문). = 난 (평서문)이라고 생각해. / (평서문)인 거 같아.

→ I think you are smart. (난 네가 똑똑하다고 생각해.)

→ I think this phone is light. (이 전화기는 가벼운 거 같아.)

A **I gave you a $10 bill.** (제가 10달러짜리 지폐를 드렸거든요.)

give (사람) (명사) = (사람)에게 (명사)를 주다

→ Give me my money. (나한테 내 돈을 줘.)

→ I gave them more time. (난 그들에게 더 많은 시간을 줬어.)

B **Oh, I thought it was a $5 bill.** (오, 그게 5달러짜리 지폐인 줄 알았어요.)

I thought (평서문 과거).

= 난 (평서문 과거)였다고 생각했어. / (평서문 과거)인 줄 알았어.

→ I thought it was your house. (난 그게 네 집이었다고 생각했어.)

→ I thought she was nice. (난 그녀가 착한 줄 알았어.)

B **Here's the correct change.** (여기 맞는 잔돈이에요.)

Here's (명사). = 여기 (명사)가 있어요.

→ Here's your change. (여기 거스름돈이에요.)

→ Here's my email address. (여기 제 이메일 주소예요.)

DAY 38

저한테 잔돈 잘못 주신 거 같은데요

1 난 그들이 친구라고 생각해. =_____

2 난 그녀에게 꽃들을 줬어. =_____

3 난 네가 날 좋아한 줄 알았어. =_____

4 여기 제 전화번호가 있어요. =_____

I think they are friends. | I gave her flowers. | I thought you liked me. | Here's my phone number.

그냥 제 주문 취소해주세요

_식당·1000회 특집 ②

STEP 1

A What _____ to my steak? (제 스테이크 어떻게 된 건가요?)

B Let me _____ and find out. (제가 가서 알아볼게요.)

B I believe the _____ is busy. (주방이 바쁜 거 같아요.)

A You know what? Please just _____ my order.
(있잖아요. 그냥 제 주문 취소해주세요.)

STEP 2

• **happen** | 벌어지다

→ Something happened! (뭔가 벌어졌어!)

→ It happened on Monday. (그건 월요일에 벌어졌어.)

• **go** | 가다

→ Go and see your teacher. (가서 너희 선생님을 만나봐.)

→ I went to school yesterday. (난 어제 학교에 갔어.)

• **kitchen** | 주방

→ Where's the kitchen? (주방이 어디야?)

→ There's no one in the kitchen. (주방에 아무도 없어요.)

• **cancel** | 취소하다

→ They cancelled the meeting. (그들이 그 모임을 취소했어.)

→ I cancelled the appointment. (난 그 예약을 취소했어.)

A What happened to my steak? (제 스테이크 어떻게 된 건가요?)

What happened to (명사)?

= (명사)에 뭐가 벌어진 거예요? / (명사)가 어떻게 된 거예요?

→ What happened to you? (너 어떻게 된 거야?)

→ What happened to your hands? (너 손 어떻게 된 거야?)

B Let me go and find out. (제가 가서 알아볼게요.)

find out (명사) = (명사)를 알아내다

→ I found out the truth. (우린 진실을 알아냈어.)

→ Find out his location. (그의 위치를 알아내.)

B I believe the kitchen is busy. (주방이 바쁜 거 같아요.)

I believe (평서문). = (평서문)인 거 같아요.

→ I believe Mini is not here. (Mini는 여기에 없는 거 같아요.)

→ I believe this is Mayu's phone. (이건 마유의 전화기인 거 같아요.)

A You know what? Please just cancel my order.

(있잖아요. 그냥 제 주문 취소해주세요.)

You know what? = 그거 알아요? / 있잖아요.

→ You know what? I'll just stay. (있잖아. 나 그냥 있을래.)

→ You know what? You're my type. (있잖아. 넌 내 타입이야.)

DAY 39

그냥 제 주문 취소해주세요

1 네 친구 어떻게 된 거야? =_____

2 난 그의 주소를 알아냈어. =_____

3 이건 Peter의 마스크인 거 같아요. =_____

4 있잖아요. 내가 당신을 도와줄게요. =_____

What happened to your friend? | I found out his address. | I believe this is Peter's mask. | You know what? Let me help you.

소풍을 위한 완벽한 날씨잖아

여행

STEP 1

A What do you say we go on a _____? (우리 소풍 가는 게 어때?)
B What a _____ idea! (엄청 사랑스러운 아이디어다!)
A It's _____ weather for a picnic. (소풍을 위한 완벽한 날씨잖아.)
B I'll go get _____. (난 가서 준비할게.)

STEP 2

• **picnic** | 소풍
  → My wife and I went on a picnic. (내 아내와 난 소풍을 갔어.)
  → It's a perfect day for a picnic. (소풍을 위한 완벽한 날이야.)

• **lovely** | 사랑스러운
  → Minji is a lovely girl. (Minji는 사랑스러운 소녀야.)
  → It's a lovely night. (사랑스러운 밤이에요.)

• **perfect** | 완벽한
  → I have a perfect plan. (난 완벽한 계획이 있어.)
  → Everything is just perfect. (모든 게 그냥 완벽해.)

• **ready** | 준비된
  → Are you ready? (너 준비된 거니?)
  → We are not ready yet. (우린 아직 준비가 안 됐어.)

A What do you say we go on a picnic? (우리 소풍 가는 게 어때?)

What do you say (평서문)? = (평서문)하는 게 어때?

→ What do you say we visit your mom? (우리 너희 엄마를 방문하는 게 어때?)

→ What do you say we invite them? (우리 그들을 초대하는 게 어때?)

B What a lovely idea! (엄청 사랑스러운 아이디어다!)

What (명사)! = 엄청난 (명사)다!

→ What a beautiful day! (엄청 아름다운 날이다!)

→ What weather! (엄청난 날씨다!)

A It's perfect weather for a picnic. (소풍을 위한 완벽한 날씨잖아.)

for (명사) = (명사)를 위한, 위해

→ This is a party for you. (이건 널 위한 파티야.)

→ This song is for all the moms. (이 노래는 모든 엄마들을 위한 거야.)

B I'll go get ready. (난 가서 준비할게.)

go (동사원형) = 가서 (동사원형)하다

→ Go do your homework. (가서 네 숙제를 해.)

→ I'll go take a shower. (난 가서 샤워를 할 거야.)

1 우리 같이 공부하는 게 어때? =_____

2 엄청 시원한 날이다! =_____

3 이 책은 우리 어머니를 위한 거야. =_____

4 가서 손을 씻어. =_____

Go wash your hands.

What do you say we study together? | What a cool day! | This book is for my mother. |

STEP 1

A How come your brother is so _____? (네 오빠 어째서 저렇게 조용한 거니?)

B He gets sentimental in _____. (오빠 원래 가을 타요.)

A He is just _____ his dad. (자기 아빠랑 똑같다니까.)

B He even _____ books! (심지어 책도 읽어요!)

STEP 2

• **quiet** | 조용한

  → Your sister is a quiet person. (네 언니는 조용한 사람이구나.)

  → Can you be quiet? (조용히 해줄 수 있니?)

• **fall** | 가을

  → I love fall. (난 가을이 너무 좋아.)

  → Fall is just around the corner. (가을이 코앞이다.)

• **like** | ~같은

  → You are like my uncle. (넌 우리 삼촌 같아.)

  → Your phone is like mine. (네 전화기는 내 것 같아.)

• **read** | 읽다

  → Mayu is reading a newspaper. (마유는 신문을 읽고 있어.)

  → Have you read his book? (그의 책을 읽어본 적 있니?)

A How come your brother is so quiet? (네 오빠 어째서 저렇게 조용한 거니?)

How come (평서문)? = 어째서 (평서문)인 거니?

→ How come you are so lazy? (어째서 넌 그렇게 게으른 거니?)

→ How come you are late again? (어째서 넌 또 늦은 거니?)

B He gets sentimental in fall. (오빠 원래 가을 타요.)

get sentimental = 감성적이 되다

→ I get sentimental when I listen to this song. (난 이 노래를 들을 때 감성적이 돼.)

→ She got sentimental when she read the poem.
(그녀는 그 시를 읽을 때 감성적이 됐어.)

A He is just like his dad. (자기 아빠랑 똑같다니까.)

just like (명사) = 딱 (명사)같은

→ My daughter is just like her mom. (내 딸은 딱 자기 엄마 같아.)

→ You are just like your sister. (넌 딱 너희 언니 같다.)

B He even reads books! (심지어 책도 읽어요!)

even = 심지어

→ My mother even speaks Japanese. (우리 어머니는 심지어 일본어도 하셔.)

→ I even like pork. (난 심지어 돼지고기도 좋아해.)

1 어째서 네 여자 친구는 여기에 없니? =＿＿＿＿＿＿＿＿＿＿＿

2 난 그 사진을 볼 때 감성적이 됐어. =＿＿＿＿＿＿＿＿＿＿＿

3 Peter는 딱 너 같아. =＿＿＿＿＿＿＿＿＿＿＿

4 그들은 심지어 인형들도 팔아. =＿＿＿＿＿＿＿＿＿＿＿

How come your girlfriend is not here? | I got sentimental when I saw the picture. | Peter is just like you. | They even sell dolls.

재미있을 거 같은데!

STEP 1

A I'm into flower arranging _____. (나 요즘에 꽃꽂이에 빠져 있어.)

B It sounds _____! (재미있을 거 같은데!)

A It is fun! There's a free _____. (정말 재미있어! 무료 수업이 있어.)

B I want to _____ that class, too! (나도 그 수업 듣고 싶어.)

STEP 2

• **lately** | 요즘에

→ I'm so tired lately. (난 요즘에 엄청 피곤해.)

→ She's been quiet lately. (그녀는 요즘에 조용히 해왔어.)

• **fun** | 재미있는

→ Is this game fun? (이 게임 재미있니?)

→ It's not funny. It's fun. (그건 웃기지 않아. 그건 재미있어.)

• **class** | 수업

→ She takes Mayu's class. (그녀는 마유의 수업을 들어.)

→ I missed my class. (난 내 수업을 놓쳤어.)

• **take** | (수업 등을) 듣다

→ Do you take Mayu's class, too? (너도 마유의 수업을 듣니?)

→ I already took that class. (난 이미 그 수업을 들었어.)

A I'm into flower arranging lately. (나 요즘에 꽃꽂이에 빠져 있어.)

be into (명사) = (명사)에 빠져 있다

→ I am into her. (난 그녀에게 빠져 있어.)

→ She is into computer games. (그녀는 컴퓨터 게임에 빠져 있어.)

B It sounds fun! (재미있을 거 같은데!)

sound (형용사) = (형용사)하게 들린다 / (형용사)할 것 같다

→ It sounds exciting! (그거 신날 거 같은데!)

→ He sounds serious. (그는 심각하게 들리는데.)

A It is fun! There's a free class. (정말 재미있어! 무료 수업이 있어.)

There is/are (명사). = (명사)가 있어.

→ There is a seminar soon. (곧 세미나가 있어.)

→ There are many groups. (많은 그룹들이 있어.)

B I want to take that class, too! (나도 그 수업 듣고 싶어.)

want to (동사원형) = (동사원형)하고 싶다

→ I wanted to take your class. (난 당신의 수업을 듣고 싶었어요.)

→ I want to be your husband. (난 네 남편이 되고 싶어.)

1 Harry는 너에게 빠져 있어. =_____

2 그거 흥미롭게 들리는데. =_____

3 내일 파티가 있어. =_____

4 그녀는 여기에 머물고 싶어해. =_____

Harry is into you. | It sounds interesting. | There is a party tomorrow. | She wants to stay here.

줄무늬 셔츠 입은 저 남자분이요 _쇼핑

STEP 1

A Did you find _____ you need? (필요한 거 다 찾으셨나요?)
B Yes, I did. _____ you. (네, 다 찾았어요. 고마워요.)
A Did _____ help you today? (오늘 도와준 직원이 있었나요?)
B That _____ in the striped shirt. (줄무늬 셔츠 입은 저 남자분이요.)

STEP 2

• **everything** | 모든 것, 다
  → Everything is perfect. (모든 게 완벽해요.)
  → I have everything I need. (난 내가 필요한 걸 다 가지고 있어.)

• **thank** | 고마워하다
  → Thank yourself. (네 스스로에게 고마워해.)
  → I thanked her parents. (난 그녀의 부모님께 감사드렸어.)

• **anyone** | 그 누구(라도)
  → Do you know anyone here? (너 여기 그 누구라도 아니?)
  → I don't know anyone here. (난 여기 그 누구도 몰라.)

• **gentleman** | 남자분, 신사
  → This gentleman helped us. (이 남자분이 저희를 도와줬어요.)
  → I want to be a gentleman. (난 신사가 되고 싶어.)

A **Did you find everything you need?** (필요한 거 다 찾으셨나요?)

everything (주어) (동사) = (주어)가 (동사)하는 것 모두

→ I have everything you need. (난 네가 필요한 걸 모두 가지고 있어.)

→ I know everything you did. (난 네가 한 걸 모두 알고 있어.)

B **Yes, I did. Thank you.** (네, 다 찾았어요. 고마워요.)

I did. = 했어요.

→ Did you see? / Yes, I did. (너 봤니? / 응, 봤어.)

→ Did you hear me? / Yes, I did. (너 내 말 들었니? / 응, 들었어.)

A **Did anyone help you today?** (오늘 도와준 직원이 있었나요?)

Did (주어) (동사원형)? = (주어)가 (동사원형)했나요?

→ Did James call you? (James가 너에게 전화했니?)

→ Did you go to work today? (너 오늘 출근했니?)

B **That gentleman in the striped shirt.** (줄무늬 셔츠 입은 저 남자분이요.)

in (명사) = (명사)를 입고 있는, 입고서

→ I'm in a blue jacket. (전 파란색 재킷을 입고 있어요.)

→ She is dancing in a dress. (그녀는 드레스를 입고서 춤추고 있어.)

DAY 43

줄무늬 셔츠 입은 저 남자분이요

1 우린 네가 원하는 걸 모두 가지고 있어. =_____

2 너 이 책 읽었니? / 네, 읽었어요. =_____

3 그들이 널 고용했니? =_____

4 전 흰 치마를 입고 있어요. =_____

We have everything you want. | Did you read this book? / Yes, I did. | Did they hire you? | I'm in a white skirt.

그거 오렌지주스였나요?

_식당_

STEP 1

A Can I get a _____? (리필 받을 수 있나요?)

B Of course. Was that _____ juice? (물론이죠. 그거 오렌지주스였나요?)

A Yes but can I get _____ juice instead?
(그렇긴 한데 그 대신 자몽주스 받을 수 있나요?)

B _____. Why not? (그럼요. 왜 안 되겠어요?)

STEP 2

• **refill** | 리필
  → Refills are free. (리필은 무료예요.)
  → You will get free refills. (무료 리필을 받으실 거예요.)

• **orange** | 오렌지
  → This orange is so sweet. (이 오렌지는 엄청 달아.)
  → I love fresh oranges. (난 신선한 오렌지가 너무 좋아.)

• **grapefruit** | 자몽
  → This grapefruit is too sour. (이 자몽은 너무 셔.)
  → Do you like grapefruits? (너 자몽 좋아해?)

• **sure** | 그럼요
  → Sure. I can do that. (그럼요. 그렇게 해드릴 수 있죠.)
  → Sure. That's our specialty. (그럼요. 그게 저희 전문이에요.)

A Can I get a refill? (리필 받을 수 있나요?)

Can I get (명사)? = (명사) 좀 받을 수 있나요? / 주실 수 있나요?

→ Can I get more napkins? (더 많은 냅킨을 주실 수 있나요?)

→ Can I get some milk? (우유를 주실 수 있나요?)

B Of course. Was that orange juice? (물론이죠. 그거 오렌지주스였나요?)

Was that (명사)? = 그거 (명사)였나요?

→ Was that regular milk? (그거 일반 우유였나요?)

→ Was that your car? (그거 네 차였니?)

A Yes but can I get grapefruit juice instead?

(그렇긴 한데 그 대신 자몽주스 받을 수 있나요?)

instead = 그 대신에

→ I want hot milk instead. (전 그 대신에 뜨거운 우유를 원해요.)

→ Can I get water instead? (그 대신에 물을 주실 수 있나요?)

B Sure. Why not? (그럼요. 왜 안 되겠어요?)

Why not? = 왜 안 되겠어? / 안 할 이유 없지.

→ Let's watch a movie. / Why not? (영화 보자. / 안 볼 이유 없지.)

→ Do you want to go out? / Why not? (나갈래? / 안 나갈 이유 없지.)

DAY 44

그거 오렌지주스였나요?

1 더 많은 물을 받을 수 있나요? =_____

2 그거 사과주스였나요? =_____

3 전 그 대신에 핫 초콜릿을 원해요. =_____

4 먹자. / 안 먹을 이유 없지. =_____

Can I get more water? | Was that apple juice? | I want hot chocolate instead. | Let's eat. / Why not?

전 통로 자리를 선호해요

_여행

STEP 1

A Would you like an aisle _____ or a window seat?
(통로 자리를 원하시나요, 창가 자리를 원하시나요?)

B I _____ an aisle seat. (전 통로 자리를 선호해요.)

B But I don't _____ a window seat, either. (하지만 창가 자리도 꺼리진 않아요.)

A OK. You're all _____ . (알겠습니다. 다 되셨어요.)

STEP 2

• **seat** | 자리, 좌석

→ I can't find my seat. (제 자리를 못 찾겠어요.)

→ I believe this is my seat. (이거 제 자리 같은데요.)

• **prefer** | 선호하다

→ Do you prefer yellow? (넌 노란색을 선호하니?)

→ I prefer K-pop to jazz. (난 재즈보다 K-pop을 선호해.)

• **mind** | 꺼리다

→ I don't mind it. (저 그거 안 꺼려요.)

→ Do you mind moving your bag? (가방 옮기시는 걸 꺼리시나요? / 옮겨주실래요?)

• **set** | 준비된

→ I am all set. (전 다 준비됐어요.)

→ Am I all set? (저 다 준비된 건가요? / 다 된 건가요?)

A Would you like an aisle seat or a window seat?

(통로 자리를 원하시나요, 창가 자리를 원하시나요?)

Would you like (명사)? = (명사)를 원하시나요?

→ Would you like a cup of tea? (차 한 잔 원하시나요?)

→ Would you like blue or pink? (파란색을 원하시나요, 핑크색을 원하시나요?)

B I prefer an aisle seat. (전 통로 자리를 선호해요.)

prefer (명사) = (명사)를 선호하다

→ I prefer a window seat. (전 창가 자리를 선호해요.)

→ We prefer strong coffee. (저희는 진한 커피를 선호해요.)

B But I don't mind a window seat, either.

(하지만 창가 자리도 꺼리진 않아요.)

(부정문), either. = (부정문)도 마찬가지로 아니에요.

→ I don't like you, either. (나도 널 안 좋아해.)

→ It's not white, either. (그건 흰색도 아니야.)

A OK. You're all set. (알겠습니다. 다 되셨어요.)

all (형용사) = 완전, 모두 (형용사)한

→ We are all done. (저희는 모두 마쳤어요.)

→ She is all set. (그녀는 완전 준비됐어요.)

1 물 한 잔을 원하시나요? =_____

2 난 녹차를 선호해. =_____

3 난 소고기도 안 좋아해. =_____

4 넌 완전 준비됐니? =_____

Would you like a glass of water? | I prefer green tea. | I don't like beef, either. | Are you all set?

너 저녁식사로 브로콜리를 원하나 보구나

가정

STEP 1

A Sweetie, help me _____ the laundry. (얘야, 엄마 빨래 개는 거 좀 도와주렴.)

B Oh, Mom. I'm watching a _____. (아, 엄마. 저 만화 보고 있단 말이에요.)

A I guess you want broccoli for _____. (너 저녁식사로 브로콜리 원하나 보구나.)

B I'll do it right _____! (지금 바로 할게요!)

STEP 2

- **fold** | 접다, 개다
  - → I forgot to fold the laundry. (나 빨래 개는 거 깜박했어.)
  - → Fold this paper in half. (이 종이를 반으로 접어.)

- **cartoon** | 만화
  - → This is a popular cartoon. (이건 인기 있는 만화야.)
  - → Stop watching the cartoon. (그 만화 좀 그만 봐.)

- **dinner** | 저녁식사
  - → What's for dinner? (저녁은 뭐예요?)
  - → I ate too much for dinner. (난 저녁식사로 너무 많이 먹었어.)

- **now** | 지금, 이제
  - → Do it now! (그거 지금 해!)
  - → We are friends now. (우린 이제 친구야.)

A **Sweetie, help me fold the laundry.** (애야, 엄마 빨래 개는 거 좀 도와주렴.)

help (목적어) (동사원형) = (목적어)가 (동사원형)하는 걸 도와주다

→ Help me study English. (나 좀 영어공부 하는 거 도와줘.)

→ Mayu helped me move my box. (마유가 나 상자 옮기는 거 도와줬어.)

B **Oh, Mom. I'm watching a cartoon.** (아, 엄마. 저 만화 보고 있단 말이에요.)

be (~ing) = (~ing)하고 있다

→ I am exercising hard. (난 열심히 운동하고 있어.)

→ We are having fun. (우린 즐거운 시간을 보내고 있어.)

A **I guess you want broccoli for dinner.** (너 저녁식사로 브로콜리 원하나 보구나.)

I guess (평서문). = (평서문)인가 보다.

→ I guess you don't like me. (넌 날 안 좋아하나 보다.)

→ I guess your girlfriend really loves you. (네 여자 친구가 널 정말 사랑하나 보다.)

B **I'll do it right now!** (지금 바로 할게요!)

will (동사원형) = (동사원형)할게 / 할래 / 할 거야

→ I will call the police. (난 경찰을 부를 거야.)

→ I will do the dishes. (내가 설거지를 할게.)

DAY 46

너 저녁식사로 브로콜리를 원하나 보구나

1 나 좀 영어 배우는 거 도와줘. =_____

2 난 생각 중이야. =_____

3 그녀가 네 타입인가 보다. =_____

4 나 손 씻을게. =_____

Help me learn English. | I am thinking. | I guess she is your type. | I will wash my hands.

뭐라도 작성해야만 하나요?

_일상

CHECK | 손영작 ☐ 입영작 ☐ 반복낭독 ☐ 수업 듣기 ☐

STEP 1

A Have you been here _____? (전에 여기 와보신 적 있나요?)

B _____, I have. (네, 와본 적 있어요.)

B Do I have to _____ out _____? (뭐라도 작성해야만 하나요?)

A No, you don't have _____ to fill out. (아뇨, 작성하실 게 아무것도 없습니다.)

STEP 2

• **before** | 전에

→ I have been here before. (나 전에 여기 와본 적 있어.)

→ She has studied French before. (그녀는 전에 프랑스어를 공부해본 적 있어.)

• **yes** | 네

→ Yes, I understand. (네, 이해해요.)

→ Yes, you are correct. (네, 당신 말이 맞아요.)

• **fill** | 채우다

→ I filled the glass. (난 그 잔을 채웠어.)

→ The glass was filled. (그 잔은 채워졌어.)

• **anything** | 그 어떤 것(이라도)

→ Did you say anything? (너 그 어떤 것이라도 말했니? / 너 뭐 말한 거 있어?)

→ I didn't touch anything. (나 그 어떤 것도 안 건드렸어. / 나 아무것도 안 건드렸어.)

A **Have you been here before?** (전에 여기 와보신 적 있나요?)

Have you been to (장소)? = (장소)에 와본 적/가본 적 있나요?

→ Have you been to Korea? (한국에 와본 적 있나요?)

→ Have you been there? (너 거기 가본 적 있어?)

B **Yes, I have.** (네, 와본 적 있어요.)

I have. = 그래 본 적 있어요.

→ Have you been to Hong Kong? / Yes, I have. (홍콩에 가본 적 있어? / 응, 가봤어.)

→ Have you had kimchi? / Yes, I have. (김치 먹어본 적 있어? / 응, 먹어봤어.)

B **Do I have to fill out anything?** (뭐라도 작성해야만 하나요?)

Do I have to (동사원형)? = 제가 (동사원형)해야만 하나요?

→ Do I have to do it now? (저 그거 지금 해야만 하나요?)

→ Do I have to bring my ID? (저 제 ID 가져와야만 하나요?)

A **No, you don't have anything to fill out.**

(아뇨, 작성하실 게 아무것도 없습니다.)

(명사) to (동사원형) = (동사원형)할 (명사)

→ I have work to do. (난 할 일이 있어.)

→ She has a question to ask. (그녀는 물어볼 질문이 있어.)

1 너 그의 사무실에 가본 적 있어? =_____

2 너 마유 만나본 적 있어? / 응, 만나본 적 있어. =_____

3 제가 이걸 끝마쳐야만 하나요? =_____

4 난 끝마칠 에세이가 있어. =_____

Have you been to his office? | Have you met Mayu? / Yes, I have. | Do I have to finish this? | I have an essay to finish.

이거 바꿔주실 잔돈 있나요?

_쇼핑

STEP 1

A Do you have _____ for this? (이거 바꿔주실 잔돈 있나요?)

B Sure. What do you _____? (그럼요. 뭐가 필요하시죠?)

A I need 10 _____. (1달러짜리 지폐 10장이 필요해요.)

B I'll give you 10 singles and 2 _____. (1달러짜리 10장, 5달러짜리 2장 드릴게요.)

STEP 2

- **change** | 잔돈, 거스름돈
  - → Here's your change. (여기 거스름돈이 있습니다.)
  - → We don't have enough change for that.
    (저희 그거 바꿔드릴 충분한 잔돈이 없어요.)

- **need** | 필요로 하다
  - → We need your opinion. (우린 네 의견이 필요해.)
  - → Do you need my advice? (넌 내 조언이 필요하니?)

- **single** | 1달러짜리 지폐
  - → I need two singles. (전 1달러짜리 지폐 두 장이 필요해요.)
  - → I can give you five singles. (1달러짜리 지폐 다섯 장를 드릴 수 있어요.)

- **five** | 5달러짜리 지폐
  - → Can I have two fives? (5달러짜리 지폐 두 장 주실 수 있나요?)
  - → I have ten fives. (5달러짜리 지폐 열 장이 있어요.)

A Do you have change for this? (이거 바꿔주실 잔돈 있나요?)
Do you have change for (명사)? = (명사) 바꿔줄 잔돈 있나요?
→ Do you have change for $20? (20달러 바꿔줄 잔돈 있나요?)
→ Do you have change for this bill? (이 지폐 바꿔줄 잔돈 있나요?)

B Sure. What do you need? (그럼요. 뭐가 필요하시죠?)
What do you (동사원형)? = 뭘 (동사원형)하나요?
→ What do you want? (넌 뭘 원하니?)
→ What do you expect? (당신은 뭘 기대하나요?)

A I need 10 singles. (1달러짜리 지폐 10장이 필요해요.)
I need (명사). = 전 (명사)가 필요해요.
→ I need 3 singles. (전 1달러짜리 지폐 3장이 필요해요.)
→ I need a new car. (난 새 차가 필요해.)

B I'll give you 10 singles and 2 fives.
(1달러짜리 10장, 5달러짜리 2장 드릴게요.)
and = 그리고
→ I can give you a fork and a spoon. (포크와 숟가락을 드릴 수 있어요.)
→ I have a dog and a cat. (전 개와 고양이가 있어요.)

1 100달러 바꿔줄 잔돈 있나요? =_____
2 넌 뭘 좋아하니? =_____
3 난 새 카디건이 필요해. =_____
4 전 개 두 마리와 고양이 한 마리가 있어요. =_____

I have two dogs and a cat.
| I need a new cardigan. | What do you like? | Do you have change for $100?

어떤 종류의 전화기를 가지고 계시죠? _식당

STEP 1

A Do you possibly have a phone _____? (혹시 전화 충전기 있나요?)

B What kind of _____ do you have? (어떤 종류의 전화기를 가지고 계시죠?)

A _____ is a MayuPhone 10. (제 거는 MayuPhone 10이에요.)

B I'm sure we have _____ for it. (그 모델용 충전기 분명히 있을 거예요.)

STEP 2

• **charger** | 충전기

→ It comes with a charger. (그건 충전기가 딸려 나와요.)

→ This charger is broken. (이 충전기는 고장 났어.)

• **phone** | 전화기

→ My phone is too old. (내 전화기는 너무 오래됐어.)

→ This phone is pretty cheap. (이 전화기는 꽤 싸.)

• **mine** | 내 것

→ You are mine. (넌 내 거야.)

→ Mine is quite expensive. (내 거는 꽤 비싸.)

• **one** | 것

→ We have a cheaper one. (우린 더 싼 게 있어요.)

→ This one is too heavy. (이건 너무 무거워.)

A **Do you possibly have a phone charger?** (혹시 전화 충전기 있나요?)

Do you possibly (동사원형)? = 혹시 (동사원형)하시나요?

→ Do you possibly know me? (혹시 절 아시나요?)

→ Do you possibly work here? (혹시 여기서 일하시나요?)

B **What kind of phone do you have?** (어떤 종류의 전화기를 가지고 계시죠?)

What kind of (명사) = 어떤 종류의 (명사)

→ What kind of man do you like? (넌 어떤 유의 남자를 좋아해?)

→ What kind of person are you? (넌 어떤 유의 사람이야?)

A **Mine is a MayuPhone 10.** (제 거는 MayuPhone 10이에요.)

(주어) am/are/is (명사). = (주어)는 (명사)야.

→ I am a career woman. (난 커리어 우먼이야.)

→ We are husband and wife. (저희는 부부예요.)

B **I'm sure we have one for it.** (그 모델용 충전기 분명히 있을 거예요.)

I'm sure (평서문). = 분명히 (평서문)일 거예요.

→ I'm sure you will like it. (분명히 그게 마음에 들 거야.)

→ I'm sure Mini has many fans. (분명히 Mini는 팬이 많을 거야.)

STEP 4

1 혹시 돼지고기를 드시나요? =_____

2 넌 어떤 유의 여자를 좋아해? =_____

3 전 일하는 엄마예요. =_____

4 분명히 그녀는 널 알 거야. =_____

Do you possibly eat pork? | What kind of woman do you like? | I am a working mom. | I'm sure she knows you.

도와주세요

CHECK | 손영작 ☐ 입영작 ☐ 반복낭독 ☐ 수업 듣기 ☐

STEP 1

A I can't find my _____. Please help. (제 딸을 찾을 수가 없어요. 도와주세요.)

B Do you have a _____ of her? (따님의 사진을 가지고 있나요?)

A Here's her photo and her _____ is Juliet. (여기 사진이 있고요 이름은 Juliet이에요.)

B OK. Let me _____ an announcement. (알겠습니다. 방송을 해볼게요.)

STEP 2

- **daughter** | 딸
  - → I want three daughters. (난 딸 셋을 원해.)
  - → Thomas has two daughters. (Thomas는 딸이 둘이야.)

- **photo** | 사진
  - → I don't have a photo of my dog. (난 우리 개 사진이 없어.)
  - → Let's take a photo. (사진 찍자.)

- **name** | 이름
  - → What's his name? (그의 이름은 뭐니?)
  - → That's beautiful name! (예쁜 이름이다!)

- **make** | 만들다
  - → I made an announcement. (난 방송을 했어요. / 난 공지를 했어요.)
  - → I can make palbochae. (난 팔보채를 만들 수 있어.)

A **I can't find my daughter. Please help.** (제 딸을 찾을 수가 없어요. 도와주세요.)

can't (동사원형) = (동사원형)할 수 없다

→ I can't find my credit card. (내 신용카드를 못 찾겠어.)

→ I can't pay now. (저 지금은 돈을 낼 수 없어요.)

B **Do you have a photo of her?** (따님의 사진을 가지고 있나요?)

of (명사) = (명사)의

→ I have a photo of my son. (전 제 아들의 사진을 가지고 있어요.)

→ This is the name of my company. (이게 내 회사의 이름이야.)

A **Here's her photo and her name is Juliet.**

(여기 사진이 있고요. 이름은 Juliet이에요.)

Her name is (이름). = 그녀의 이름은 (이름)이야. / Her는 응용 가능함

→ Her name is Ashley Kim. (그녀의 이름은 Ashley Kim이야.)

→ His name is Andy Park. (그의 이름은 Andy Park이야.)

B **OK. Let me make an announcement.** (알겠습니다. 방송을 해볼게요.)

make an announcement = 공지를 하다 / 방송으로 알리다

→ I'm about to make an announcement. (난 막 공지를 하려는 참이야.)

→ Did you already make an announcement? (넌 이미 공지를 했니?)

DAY 50

도와주세요

1 우린 네 결혼식에 올 수 없어. =＿＿＿＿＿＿＿＿＿＿＿＿＿＿

2 난 내 고양이의 사진을 가지고 있어. =＿＿＿＿＿＿＿＿＿＿＿＿

3 내 아들의 이름은 Eugene Baek이야. =＿＿＿＿＿＿＿＿＿＿＿＿

4 공지를 하자. =＿＿＿＿＿＿＿＿＿＿＿＿＿＿＿＿＿＿＿＿

We can't come to your wedding. | I have a photo of my cat. | My son's name is Eugene Baek. | Let's make an announcement.

111

CHECK | 손영작 ☐ 입영작 ☐ 반복낭독 ☐ 수업 듣기 ☐

STEP 1

A Did you make up with your _____? (너 누나랑 화해했니?)

B I don't want to _____ first. (저 먼저 사과하기 싫어요.)

A _____ not? (왜 싫은데?)

B She made fun of me _____! (누나가 절 먼저 놀렸단 말이에요!)

STEP 2

- **sister** | 누나, 언니, 여동생
  - → My sister doesn't like me. (우리 언니는 날 안 좋아해.)
  - → I pinched my sister. (난 내 여동생을 꼬집었어.)

- **apologize** | 사과하다
  - → Apologize to me! (내게 사과해!)
  - → He never apologizes first. (그는 절대 먼저 사과 안 해.)

- **why** | 왜
  - → Why are you sad? (넌 왜 슬퍼?)
  - → Why is he tired? (그는 왜 피곤하지?)

- **first** | 먼저
  - → I said it first. (그거 내가 먼저 말했어.)
  - → She came in first. (그녀가 먼저 들어왔어.)

A **Did you make up with your sister?** (너 누나랑 화해했니?)

make up with (사람) = (사람)과 화해하다

→ I made up with my brother. (나 우리 형이랑 화해했어.)

→ Why don't you make up with your girlfriend? (네 여자 친구랑 화해하는 게 어때?)

B **I don't want to apologize first.** (저 먼저 사과하기 싫어요.)

don't/doesn't want to (동사원형) = (동사원형)하고 싶지 않다

→ We don't want to go to bed. (저희는 잠자리에 들고 싶지 않아요.)

→ Lisa doesn't want to study math. (Lisa는 수학을 공부하고 싶어 하지 않아.)

A **Why not?** (왜 싫은데?)

Why not? (왜 싫어? / 왜 안 돼? / 왜 아니야?)

→ I don't want to eat. / Why not? (나 먹기 싫어. / 왜 싫어?)

→ I can't come. / Why not? (나 못 와. / 왜 못 와?)

B **She made fun of me first!** (누나가 절 먼저 놀렸단 말이에요!)

make fun of (명사) = (명사)를 놀리다

→ They made fun of my name. (그들이 내 이름을 놀렸어.)

→ Don't make fun of Nancy. (Nancy를 놀리지 마.)

DAY 51

너 누나랑 화해했니?

1 Eddie는 그의 여자 친구랑 화해했어. =_____

2 난 뜨거운 커피를 마시고 싶지 않아. =_____

3 난 못 먹어. / 왜 못 먹어? =_____

4 네가 내 여동생을 놀렸니? =_____

Eddie made up with his girlfriend. | I don't want to drink hot coffee. | I can't eat. / Why not? | Did you make fun of my sister?

이 보험 카드에 증권 번호가 있어요 _일상

STEP 1

A Do you have _____? (보험이 있나요?)

B Yes, I have _____ insurance. (네, 여행 보험이 있어요.)

B This insurance card has the policy _____. (이 보험 카드에 증권 번호가 있어요.)

A When the _____ is ready, I'll call your name.
(의사 선생님이 준비되시면, 이름을 불러드릴게요.)

STEP 2

• **insurance** | 보험

→ I don't have insurance. (전 보험이 없어요.)

→ You need travel insurance. (넌 여행 보험이 필요해.)

• **travel** | 여행

→ I enjoyed my travels in Europe. (난 유럽에서의 여행을 즐겼어.)

→ I need a travel brochure. (난 여행 브로슈어가 필요해.)

• **number** | 번호

→ What's your policy number? (손님의 증권 번호가 뭐죠?)

→ This is my phone number. (이게 제 전화번호예요.)

• **doctor** | 의사

→ Who is your doctor? (환자분 의사가 누구죠?)

→ Danny became a doctor. (Danny는 의사가 됐어.)

A Do you have insurance? (보험이 있나요?)

Do you have (명사)? = (명사)를 가지고 있나요? / (명사)가 있나요?

→ Do you have siblings? (형제자매가 있나요?)

→ Do you have plans? (약속이 있니?)

B Yes, I have travel insurance. (네, 여행 보험이 있어요.)

I have (명사). = (명사)를 가지고 있어요. / (명사)가 있어요.

→ I have health insurance. (전 건강 보험이 있어요.)

→ I have a bicycle. (전 자전거가 있어요.)

B This insurance card has the policy number.

(이 보험 카드에 증권 번호가 있어요.)

policy number = 증권 번호

→ I forgot my policy number. (제 증권 번호를 까먹었어요.)

→ Do you know your policy number? (손님의 증권 번호를 아시나요?)

A When the doctor is ready, I'll call your name.

(의사 선생님이 준비되시면, 이름을 불러드릴게요.)

when (평서문) = (평서문)일 때

→ When I am ready, I'll call you. (내가 준비될 때 너에게 전화할게.)

→ When she comes back, call me. (그녀가 돌아올 때 내게 전화해.)

---

1 넌 지우개가 있니? =_____

2 난 오토바이가 있어. =_____

3 여기 손님 증권 번호가 있습니다. =_____

4 네가 준비될 때, 나에게 전화해. =_____

Do you have an eraser? | I have a motorcycle. | Here's your policy number. | When you are ready, call me.

디자인도 엄청 마음에 드네요
_쇼핑

STEP 1

A I'm looking for an _____ vacuum cleaner.
(저렴한 진공청소기를 찾고 있는데요.)
B This is the _____ one. (이게 가장 싼 거예요.)
B It's also quite _____. (그건 꽤나 강력하기도 해요.)
A Oh, I love its _____ as well. (오, 디자인도 엄청 마음에 드네요.)

STEP 2

• **affordable** | 저렴한
→ We have affordable air-conditioners. (저희는 저렴한 에어컨이 있어요.)
→ I need an affordable computer. (전 저렴한 컴퓨터가 필요해요.)

• **cheapest** | 가장 싼
→ This bag is the cheapest. (이 가방이 가장 싸요.)
→ What's the cheapest microwave? (가장 싼 전자레인지가 뭐죠?)

• **powerful** | 강력한
→ This heater is powerful. (이 히터는 강력해요.)
→ We need a powerful truck. (저희는 강력한 트럭이 필요해요.)

• **design** | 디자인
→ This is our logo design. (이게 저희 로고 디자인이에요.)
→ They chose this design. (그들은 이 디자인을 선택했어.)

A **I'm looking for an affordable vacuum cleaner.**
(저렴한 진공청소기를 찾고 있는데요.)
look for (명사) = (명사)를 찾으려 하다
→ I'm looking for a cheap monitor. (전 싼 모니터를 찾고 있어요.)
→ Are you looking for this? (이걸 찾고 계신가요?)

B **This is the cheapest one.** (이게 가장 싼 거예요.)
the (최상급 형용사) = 가장 (최상급 형용사)한
→ This is the lightest one. (이게 가장 가벼운 거예요.)
→ What's the shortest way? (가장 짧은 길은 뭔가요?)

B **It's also quite powerful.** (그건 꽤나 강력하기도 해요.)
quite (형용사) = 꽤 (형용사)한
→ My son is quite smart. (내 아들은 꽤 똑똑해.)
→ This movie is quite fun. (이 영화는 꽤 재미있어.)

A **Oh, I love its design as well.** (오, 디자인도 엄청 마음에 드네요.)
as well = 또한
→ I enjoy hip hop music as well. (난 힙합 음악도 즐겨.)
→ I need batteries as well. (난 건전지도 필요해.)

DAY 53

디자인도 엄청 마음에 드네요

1 친구를 찾고 있나요? =＿＿＿＿＿＿＿＿＿＿＿＿＿
2 이게 가장 긴 다리야. =＿＿＿＿＿＿＿＿＿＿＿＿＿
3 영어는 꽤나 쉬워. =＿＿＿＿＿＿＿＿＿＿＿＿＿
4 저희는 가위도 팔아요. =＿＿＿＿＿＿＿＿＿＿＿＿＿

We sell scissors as well.
Are you looking for a friend? | This is the longest bridge. | English is quite easy. |

무설탕 아이스크림이 뭐예요?   식당

STEP 1

A What's sugar-free _____ _____? (무설탕 아이스크림이 뭐예요?)

B Oh, we use natural _____ instead of sugar.
(아, 저희는 설탕 대신 자연산 꿀을 씁니다.)

A I'll give it a _____. (그거 한번 먹어볼게요.)

B You will _____ in love with it. (그 아이스크림과 사랑에 빠지실 거예요.)

STEP 2

• **ice cream** | 아이스크림

→ Would you like some ice cream? (아이스크림 좀 원하시나요?)

→ My husband doesn't like ice cream. (내 남편은 아이스크림을 안 좋아해.)

• **honey** | 꿀

→ I added more honey. (난 꿀을 더 추가했어.)

→ Honey is good for you. (꿀은 너에게 (몸에) 좋아.)

• **try** | 시도

→ I gave up after a few tries. (난 몇 번의 시도 후에 포기했어.)

→ It was a good try. (그건 좋은 시도였어.)

• **fall** | 빠지다, 넘어지다

→ The coin fell into the hole. (그 동전은 구멍 안으로 들어갔어.)

→ She fell down. (그녀는 넘어졌어.)

A **What's sugar-free ice cream?** (무설탕 아이스크림이 뭐예요?)

(명사)-free = (명사)가 없는

→ What's fat-free yogurt? (무지방 요거트가 뭐예요?)

→ This is a stress-free job. (이건 스트레스가 없는 직업이야.)

B **Oh, we use natural honey instead of sugar.**

(아, 저희는 설탕 대신 자연산 꿀을 씁니다.)

instead of (명사) = (명사) 대신에

→ Drink water instead of milk. (우유 대신에 물을 마셔.)

→ Eat vegetables instead of snacks. (과자 대신에 채소를 먹어.)

A **I'll give it a try.** (그거 한번 먹어볼게요.)

give it a try = 한번 시도해보다

→ Just give it a try. (그냥 한번 해봐.)

→ I already gave it a try. (이미 시도해봤어.)

B **You will fall in love with it.** (그 아이스크림과 사랑에 빠지실 거예요.)

fall in love with (명사) = (명사)와 사랑에 빠지다

→ I fell in love with 왕초보영어. (난 왕초보영어와 사랑에 빠졌어.)

→ I want to fall in love with someone. (난 누군가와 사랑에 빠지고 싶어.)

DAY 54

무설탕 아이스크림이 뭐예요?

1 이건 무설탕 아이스크림인가요? =_____

2 맥주 대신에 물을 마셔. =_____

3 난 시도해보고 싶지 않아. =_____

4 난 너와 사랑에 빠질 수 없어. =_____

Is this sugar-free ice cream? | Drink water instead of beer. | I don't want to give it a try. | I can't fall in love with you.

여기 연세 있는 분들이 계신데요 _여행

STEP 1

A Do you mind _____ somewhere else?
(어딘가 다른 곳에서 흡연하시면 꺼리실까요?)

A There are _____ people here. (여기 연세 있는 분들이 계신데요.)

B Oh, I am terribly_____. (오, 정말 죄송해요.)

B I didn't _____. (눈치 못 챘네요.)

STEP 2

- **smoke** | 흡연하다
  - → Please don't smoke here. (여기서 흡연하지 마세요.)
  - → You can't smoke in the building. (건물 내에서 흡연하시면 안 됩니다.)

- **elderly** | 연세 있는
  - → I help elderly people. (전 연세 있는 분들을 도와드려요.)
  - → There are many elderly people here. (여기 연세 있는 분들이 많아.)

- **sorry** | 미안한
  - → You are not sorry! (너 미안하지 않잖아!)
  - → I am truly sorry. (정말 죄송합니다.)

- **notice** | 눈치 채다
  - → No one noticed. (아무도 눈치 못 챘어.)
  - → I think he noticed. (그가 눈치 챈 것 같아.)

A Do you mind smoking somewhere else?

(어딘가 다른 곳에서 흡연하시면 꺼리실까요?)

Do you mind (~ing)? = (~ing)하면 꺼리실까요? / (~ing)해주시겠어요?

→ Do you mind moving this chair? (이 의자 좀 옮겨주시겠어요?)

→ Do you mind turning it off? (그것 좀 꺼주시겠어요?)

A There are elderly people here. (여기 연세 있는 분들이 계신데요.)

There are (복수명사). = (복수명사)들이 있어요.

→ There are little kids here. (여기 어린아이들이 있어요.)

→ There are toys in the box. (그 상자 안에 장난감들이 있어요.)

B Oh, I am terribly sorry. (오, 정말 죄송해요.)

terribly sorry = 정말 미안한

→ We are terribly sorry. (정말 죄송합니다.)

→ I am terribly sorry about my mistake. (제 실수에 대해 정말 죄송합니다.)

B I didn't notice. (눈치 못 챘네요.)

didn't (동사원형) = (동사원형)하지 않았다

→ I didn't know that. (그거 몰랐어요.)

→ We didn't touch it. (저희 그거 안 건드렸어요.)

DAY 55

여기 연세 있는 분들이 계신데요

STEP 4

1 그 문 좀 닫아주시겠어요? =＿＿＿＿＿＿＿＿＿＿＿＿

2 많은 문제들이 있어요. =＿＿＿＿＿＿＿＿＿＿＿＿

3 이것에 대해 정말 죄송합니다. =＿＿＿＿＿＿＿＿＿＿＿

4 난 이 책을 훔치지 않았어. =＿＿＿＿＿＿＿＿＿＿＿＿

I didn't steal this book. | We are terribly sorry about this. | There are many problems. | Do you mind closing the door?

너한테 소리 질러서 미안해

CHECK | 손영작 ☐ 입영작 ☐ 반복낭독 ☐ 수업 듣기 ☐

STEP 1

A I'm sorry I _____ fun of you. (누나를 놀려서 미안해.)
B No, I _____ it first. (아니야, 내가 먼저 시작했잖아.)
B I'm sorry for _____ at you. (너한테 소리 질러서 미안해.)
A Let's not _____ again. (다시는 싸우지 말자.)

STEP 2

- **make** | 만들다
  - → Who made this cake? (누가 이 케이크를 만들었어?)
  - → Don't make me cry. (날 울게 만들지 마.)

- **start** | ~를 시작하다
  - → He started the fight. (그가 싸움을 시작했어요.)
  - → Let's start the party. (그 파티를 시작하자.)

- **yell** | 소리 지르다
  - → Stop yelling! (그만 소리 질러!)
  - → My brother yelled at me. (우리 오빠가 나한테 소리 질렀어.)

- **fight** | 싸우다
  - → Did you guys fight again? (너희들 또 싸웠니?)
  - → They are fighting outside. (그들이 밖에서 싸우고 있어.)

A I'm sorry I made fun of you. (누나를 놀려서 미안해.)

I'm sorry (평서문). = (평서문)이어서 미안해.

→ I'm sorry I lied. (거짓말해서 미안해.)

→ I'm sorry I'm late again. (또 늦어서 미안해.)

B No, I started it first. (아니야, 내가 먼저 시작했잖아.)

first = 먼저

→ Brush your teeth first. (이부터 먼저 닦아.)

→ Brian hit me first. (Brian이 절 먼저 때렸어요.)

B I'm sorry for yelling at you. (너한테 소리 질러서 미안해.)

I'm sorry for (~ing). = (~ing)한 것에 대해 미안해. / 해서 미안해.

→ I'm sorry for lying to you. (너한테 거짓말해서 미안해.)

→ I'm sorry for ruining the party. (그 파티를 망쳐서 미안해.)

A Let's not fight again. (다시는 싸우지 말자.)

Let's not (동사원형). = (동사원형)하지 말자.

→ Let's not go out. (나가지 말자.)

→ Let's not be selfish. (이기적이지 말자.)

1 너에게 소리 질러서 미안해. =_____

2 네 신발을 먼저 벗어. =_____

3 널 방해해서 미안해. =_____

4 맥주를 마시지 말자. =_____

Let's not drink beer.

I'm sorry I yelled at you. | Take off your shoes first. | I'm sorry for bothering you.

살펴봐주실 수 있나요?

CHECK | 손영작 ☐ 입영작 ☐ 반복낭독 ☐ 수업 듣기 ☐

STEP 1

A My car won't _____. (제 차가 시동 걸릴 생각을 안 해요.)

A Can you take a look at ____? (살펴봐주실 수 있나요?)

B Hmm. You might need a new _____.
(흠. 어쩌면 새 배터리가 필요하실지도 몰라요.)

B I have to _____ it first. (먼저 그걸 테스트해봐야 해요.)

STEP 2

• **start** | 시작하다
  → The show started 10 minutes ago. (그 쇼는 10분 전에 시작했어.)
  → When did it start? (그게 언제 시작했죠?)

• **it** | 그것
  → I didn't see it. (난 그거 못 봤어.)
  → It's not my problem. (그건 내 문제가 아니야.)

• **battery** | 건전지, 배터리
  → How much are these batteries? (이 건전지들은 얼마예요?)
  → My battery is dead. (내 배터리가 죽었어.)

• **test** | 테스트해보다, 시험해보다
  → Let's test the battery. (배터리를 테스트해보자.)
  → They are testing the computer. (그들은 그 컴퓨터를 테스트 중이야.)

A My car won't start. (제 차가 시동 걸릴 생각을 안 해요.)

won't (동사원형) = (동사원형)할 생각을 안 하다

→ My brother won't help me. (우리 형은 날 도와줄 생각을 안 해.)

→ My dog won't move. (내 개는 움직일 생각을 안 해.)

A Can you take a look at it? (살펴봐주실 수 있나요?)

take a look at (명사) = (명사)를 살펴보다

→ Did you take a look at my resume? (제 이력서를 살펴보셨어요?)

→ Let's take a look at this sample. (이 샘플을 살펴봅시다.)

B Hmm. You might need a new battery.

(흠. 어쩌면 새 배터리가 필요하실지도 몰라요.)

might (동사원형) = 어쩌면 (동사원형)할지도 몰라

→ She might need you now. (그녀는 지금 네가 필요할지도 몰라.)

→ I might be late. (나 어쩌면 늦을지도 몰라.)

B I have to test it first. (먼저 그걸 테스트해봐야 해요.)

have to (동사원형) = (동사원형)해야만 한다

→ I have to lose weight first. (난 살부터 빼야만 해.)

→ She has to submit this form. (그녀는 이 양식을 제출해야만 해.)

DAY 57

살펴봐주실 수 있나요?

STEP 4

1 내 친구들은 날 방문할 생각을 안 해. =＿＿＿＿＿＿＿＿

2 내가 네 숙제를 살펴볼 수 있어. =＿＿＿＿＿＿＿＿

3 그들은 어쩌면 널 고용할지도 몰라. =＿＿＿＿＿＿＿＿

4 Mini는 그녀의 매니저를 봐야만 해. =＿＿＿＿＿＿＿＿

My friends won't visit me. | I can take a look at your homework. | They might hire you. | Mini has to see her manager.

여쭤봐서 참 다행이네요

쇼핑

STEP 1

A Can I machine-wash this _____? (이 스웨터 세탁기로 빨아도 되나요?)

B Oh, no. You must _____ - _____ it.
(오, 안 돼요. 그건 반드시 드라이클리닝 하셔야 돼요.)

B Otherwise, it will _____. (그렇지 않으면, 줄어들 거예요.)

A Thank God I _____ you. (여쭤봐서 참 다행이네요.)

STEP 2

• **sweater** | 스웨터

→ This sweater is too tight. (이 스웨터는 너무 꽉 껴.)

→ I got my friend a sweater. (난 내 친구에게 스웨터를 사줬어.)

• **dry-clean** | 드라이클리닝을 하다

→ Should I dry-clean this shirt? (이 셔츠를 드라이클리닝하는 게 좋을까요?)

→ You don't have to dry-clean it. (그건 드라이클리닝 안 하셔도 돼요.)

• **shrink** | 줄어들다, 오그라들다

→ My cardigan shrank. (내 카디건이 줄어들었어.)

→ I hope this sweater doesn't shrink. (이 스웨터가 줄어들지 않길 바라.)

• **ask** | ~에게 물어보다, 물어보다

→ Did you ask your teacher? (너희 선생님께 여쭤봤어?)

→ I forgot to ask you something. (너에게 뭘 물어보는 걸 잊었네.)

A **Can I machine-wash this sweater?** (이 스웨터 세탁기로 빨아도 되나요?)

Can I (동사원형)? = 제가 (동사원형)해도 되나요?

→ Can I wash this with water? (이걸 물로 씻어도 되나요?)

→ Can I borrow your phone? (당신의 전화기를 빌려도 되나요?)

B **Oh, no. You must dry-clean it.**

(오, 안 돼요. 그건 반드시 드라이클리닝 하셔야 돼요.)

must (동사원형) = 반드시 (동사원형)해야만 한다

→ You must follow these steps. (이 절차를 반드시 따라야만 합니다.)

→ She must come to the meeting. (그녀는 반드시 그 모임에 와야만 합니다.)

B **Otherwise, it will shrink.** (그렇지 않으면, 줄어들 거예요.)

Otherwise, = 그렇지 않으면,

→ Otherwise, he will be mad. (그렇지 않으면, 그는 화가 날 거예요.)

→ Otherwise, I can't fall asleep. (그렇지 않으면, 난 잠들 수가 없어.)

A **Thank God I asked you.** (여쭤봐서 참 다행이네요.)

Thank God (평서문). = (평서문)이라 참 다행이야.

→ Thank God you are learning English. (네가 영어를 배우고 있어서 참 다행이야.)

→ Thank God you are my wife. (당신이 내 아내라서 참 다행이야.)

DAY 58

여쭤봐서 참 다행이네요

---

1 제가 당신의 화장실을 써도 되나요? =_____

2 넌 반드시 일찍 돌아와야만 해. =_____

3 그렇지 않으면, 그녀는 울 거야. =_____

4 우리 부모님이 널 좋아해서 참 다행이야. =_____

Can I use your bathroom? | You must come back early. | Otherwise, she will cry. | Thank God my parents like you.

정하지를 못하겠어

_식당_

STEP 1

A What do you want for _____? (저녁식사로 뭘 원하니?)

B I can't _____. (정하지를 못하겠어.)

B I'm _____ both Jajangmyun and Jambong. (자장면과 짬뽕 둘 다 당기거든.)

A That's _____ there's Jamjamyun. (그래서 짬짜면이 있는 거잖아.)

STEP 2

- **dinner** | 저녁식사
  - → Dinner is on me. (저녁식사는 내가 낼게.)
  - → Let's have bulgogi for dinner. (저녁식사로 불고기를 먹자.)

- **decide** | 결정하다
  - → I have already decided. (난 이미 결정했어.)
  - → Did you decide? (너 결정했니?)

- **crave** | 갈망하다
  - → Are you craving something? (너 뭔가 당기니?)
  - → I'm craving some chicken. (치킨이 좀 당기는데.)

- **why** | 이유, 왜
  - → I don't know why. (왜인지를 모르겠어.)
  - → Is that why? (그게 이유야?)

A **What do you want for dinner?** (저녁식사로 뭘 원하니?)

What do you want for (식사대)? = (식사대)로 뭘 원하니?

→ What do you want for lunch? (점심식사로 뭘 원하니?)

→ What do you want for breakfast? (아침식사로 뭘 원하니?)

B **I can't decide.** (정하지를 못하겠어.)

can't (동사원형) = (동사원형)할 수 없다

→ I can't solve this quiz. (난 이 퀴즈를 못 풀겠어.)

→ We can't find the information. (우린 그 정보를 못 찾겠어.)

B **I'm craving both Jajangmyun and Jambong.** (자장면과 짬뽕 둘 다 당기거든.)

both (명사1) and (명사2) = (명사1)과 (명사2) 둘 다

→ I like both Mayu and Mini. (난 마유와 Mini 둘 다 좋아.)

→ She speaks both English and Korean. (그녀는 영어와 한국어 둘 다 해.)

A **That's why there's Jamjamyun.** (그래서 짬짜면이 있는 거잖아.)

That's why (평서문). = 그래서 (평서문)인 거야.

→ That's why I drink hot water. (그래서 내가 뜨거운 물을 마시는 거야.)

→ That's why Jenny is studying grammar.

(그래서 Jenny가 문법을 공부하고 있는 거야.)

1 브런치로 뭘 원하니? =_____

2 난 이 단어를 못 외우겠어. =_____

3 난 돼지고기와 소고기 둘 다 먹어. =_____

4 그래서 우리가 행복한 거야. =_____

That's why we are happy.
What do you want for brunch? | I can't memorize this word. | I eat both pork and beef. |

감자칩도 좀 주세요

CHECK | 손영작 ☐ 입영작 ☐ 반복낭독 ☐ 수업 듣기 ☐

STEP 1

A Would you like beef or _____? (소고기를 원하시나요, 아니면 생선을 원하시나요?)

B I want fish and a _____ of beer. (생선이랑 맥주 한 캔을 원해요.)

A Here's your _____. Be careful. (여기 손님 맥주입니다. 조심하세요.)

B I would like some _____ chips, too. (감자칩도 좀 주세요.)

STEP 2

• **fish** | 생선

→ We caught a lot of fish. (우린 많은 생선을 잡았어.)

→ I want fish for dinner. (난 저녁식사로 생선을 원해.)

• **can** | 캔, 깡통

→ I want a can of soda. (난 탄산음료 한 캔을 원해.)

→ Here's a can of tuna. (여기 참치 한 캔이 있어.)

• **beer** | 맥주

→ I don't like the taste of beer. (난 맥주의 맛을 안 좋아해.)

→ I bought some beer. (내가 맥주를 좀 샀어.)

• **potato** | 감자

→ I peeled the potatoes. (난 그 감자들을 벗겼어.)

→ Try these baked potatoes. (이 구운 감자를 맛보렴.)

A Would you like beef or fish? (소고기를 원하시나요, 아니면 생선을 원하시나요?)

Would you like (명사1) or (명사2)?

= (명사1)을 원하시나요, 아니면 (명사2)를 원하시나요?

→ Would you like an apple or an orange?

(사과를 원하시나요, 아니면 오렌지를 원하시나요?)

→ Would you like chicken or pork?

(치킨을 원하시나요, 아니면 돼지고기를 원하시나요?)

B I want fish and a can of beer. (생선이랑 맥주 한 캔을 원해요.)

I want (명사). = 전 (명사)를 원해요.

→ I want your feedback. (전 당신의 피드백을 원해요.)

→ I want new glasses. (난 새 안경을 원해.)

A Here's your beer. Be careful. (여기 손님 맥주입니다. 조심하세요.)

Be (형용사). = (형용사)해라. / (형용사)하게 행동해라.

→ Be cool. (쿨하게 행동해.)

→ Be nice to me. (나한테 착하게 굴어.)

B I would like some potato chips, too. (감자칩도 좀 주세요.)

I would like (명사). = 전 (명사)를 원합니다.

→ I would like some red wine. (전 레드 와인을 좀 원합니다.)

→ I would like a fresh apple. (싱싱한 사과를 원합니다.)

DAY 60

감자칩도 좀 주세요

1 옵션 A를 원하시나요, 아니면 옵션 B를 원하시나요? =_____

2 전 모든 걸 원해요. =_____

3 조용히 해. =_____

4 전 화이트 와인을 좀 원합니다. =_____

Would you like option A or option B? | I want everything. | Be quiet. | I would like some white wine.

그거 너무 낡았어요

가정

STEP 1

A The heater is not _____ again. (히터가 또 작동을 안 하고 있어요.)
B We _____ it last year. (우리 그거 작년에 고쳤잖아요.)
A I think it's time to _____ it. (그걸 교체할 때인 거 같아요.)
B You're right. It's too _____. (당신 말이 맞아요. 그거 너무 낡았어요.)

STEP 2

- **work** | 작동하다, 효과가 있다
  → It's finally working! (그게 드디어 작동하고 있어!)
  → It doesn't work. (그건 효과가 없어.)

- **fix** | 고치다
  → I fixed my own problem. (난 나만의 문제를 고쳤어.)
  → My boyfriend fixed my computer. (내 남자 친구가 내 컴퓨터를 고쳐줬어.)

- **replace** | 교체하다, 대체하다
  → I replaced the filter. (난 그 필터를 교체했어.)
  → No one can replace you. (아무도 널 대체할 수는 없어.)

- **old** | 나이 든, 낡은
  → This refrigerator is old. (이 냉장고는 낡았어.)
  → I have an old watch. (난 낡은 시계를 가지고 있어.)

A **The heater is not working again.** (히터가 또 작동을 안 하고 있어요.)

be not (~ing) = (~ing)하고 있지 않다

→ I am not laughing. (나 웃고 있는 거 아니야.)

→ My son is not studying. (내 아들은 공부하고 있지 않아.)

B **We fixed it last year.** (우리 그거 작년에 고쳤잖아요.)

last year = 작년에, 작년

→ I graduated last year. (난 작년에 졸업했어.)

→ I saw my best friend last year. (난 내 가장 친한 친구를 작년에 봤어.)

A **I think it's time to replace it.** (그걸 교체할 때인 거 같아요.)

It's time to (동사원형). = (동사원형)할 시간이야.

→ It's time to wake up. (일어날 시간이야.)

→ It's time to watch 왕초보영어! (왕초보영어 볼 시간이야!)

B **You're right. It's too old.** (당신 말이 맞아요. 그거 너무 낡았어요.)

too (형용사) = 너무 (형용사)한

→ Am I too lazy? (내가 너무 게으르니?)

→ America is too far. (미국은 너무 멀어.)

DAY 61

그거 너무 낡았어요

1 난 농담하고 있는 거 아니야. =_____

2 난 작년에 아프리카에 갔어. =_____

3 출근할 시간이야! =_____

4 난 너무 졸려. =_____

I am not joking. | I went to Africa last year. | It's time to go to work! | I am too sleepy.

하지만 그걸 교체하는 법을 몰라요 _일상_

STEP 1

A What's the _____? (문제가 뭐죠?)

B I have a _____ tire. (타이어가 펑크 났어요.)

B But I don't know how to _____ it. (하지만 그걸 교체하는 법을 몰라요.)

A I'll _____ you a hand. (제가 거들어드릴게요.)

STEP 2

- **problem** | 문제
  → That's not a problem. (그건 문제가 안 돼요.)
  → She has a small problem. (그녀는 작은 문제가 있어.)

- **flat** | 납작한, 편평한
  → He has a flat stomach. (그는 편평한 배를 가지고 있어.)
  → The Earth is not flat. (지구는 납작하지 않아.)

- **change** | 교체하다, 바꾸다
  → I changed my name. (난 내 이름을 바꿨어.)
  → Why did you change the color? (그 색을 왜 바꿨어?)

- **give** | 주다, ~에게 주다
  → Give me your information. (너의 정보를 나에게 줘.)
  → I will give you something nice. (너에게 뭔가 좋은 걸 줄게.)

A **What's the problem?** (문제가 뭐죠?)

What is/are (명사)? = (명사)가 뭐죠?

→ What is the matter? (문제가 뭐죠?)

→ What is this noise? (이 소음은 뭐죠?)

B **I have a flat tire.** (타이어가 펑크 났어요.)

I have (명사). = 전 (명사)를 가지고 있어요.

→ I have a broken computer. (전 고장 난 컴퓨터를 가지고 있어요.)

→ I have two flat tires.
(두 개의 펑크 난 타이어를 가지고 있어요. / 타이어 두 개가 펑크 났어요.)

B **But I don't know how to change it.** (하지만 그걸 교체하는 법을 몰라요.)

how to (동사원형) = (동사원형)하는 법

→ I don't know how to read Chinese. (난 중국어 읽는 법을 몰라.)

→ I know how to cook. (난 요리하는 법을 알아.)

A **I'll give you a hand.** (제가 거들어드릴게요.)

give (사람) a hand = (사람)을 거들어주다

→ Can you give me a hand? (날 거들어줄 수 있니?)

→ My neighbors gave me a hand. (내 이웃들이 날 거들어줬어.)

DAY 62

하지만 그걸 교체하는 법을 몰라요

1 이 노란색 선은 뭐죠? = _____

2 전 현금을 가지고 있어요. = _____

3 나에게 이 전화기를 쓰는 법을 가르쳐줘. = _____

4 난 그녀를 거들어줬어. = _____

What is this yellow line? | I have cash. | Teach me how to use this phone. | I gave her a hand.

중간 사이즈 치즈피자 하나 주세요 _쇼핑

STEP 1

A Do you guys _____ to The East Village? (The East Village로 배달하시나요?)

B Sure. What would you _____? (그럼요. 뭘 원하시나요?)

A I want one medium _____ pizza. (중간 사이즈 치즈피자 하나 주세요.)

B Alright. It'll take _____ 50 minutes. (알겠습니다. 50분 정도 걸릴 거예요.)

STEP 2

• **deliver** | 배달하다

→ We don't deliver. (저희는 배달을 안 해요.)

→ I delivered it to the address. (난 그걸 그 주소로 배달했어.)

• **like** | 좋아하다

→ I like singing and dancing. (난 노래하는 것과 춤추는 걸 좋아해.)

→ Do you like coffee? (너 커피 좋아해?)

• **cheese** | 치즈

→ I want more cheese on it. (전 그 위에 더 많은 치즈를 원해요.)

→ Say, "Cheese!" ("치즈"라고 하세요!)

• **about** | 약

→ There are about 50 people. (약 50명 정도가 있어.)

→ I have about $20. (난 약 20달러 정도가 있어.)

A **Do you guys deliver to The East Village?** (The East Village로 배달하시나요?)

you guys = 너희들, 여러분, 당신들

→ Do you guys enjoy music? (너희들 음악 즐기니?)

→ I love you guys. (전 여러분을 사랑해요.)

B **Sure. What would you like?** (그럼요. 뭘 원하시나요?)

would you like = 원하시나요?

→ Would you like cheese? (치즈를 원하시나요?)

→ What would you like to eat? (뭘 드시고 싶으신가요?)

A **I want one medium cheese pizza.** (중간 사이즈 치즈피자 하나 주세요.)

want (명사) = (명사)를 원하다

→ I want two cheese burgers. (전 치즈버거 두 개를 원해요.)

→ Peter wants more money. (Peter는 더 많은 돈을 원해.)

B **Alright. It'll take about 50 minutes.** (알겠습니다. 50분 정도 걸릴 거예요.)

It'll take (기간). = (기간)이 걸릴 거예요.

→ It'll take 6 months. (6개월이 걸릴 거예요.)

→ It'll take 2 hours. (2시간이 걸릴 거예요.)

DAY 63

중간 사이즈 치즈피자 하나 주세요

1 너희들 마유를 아니? =_____

2 차를 좀 원하시나요? =_____

3 저희는 평화를 원해요. =_____

4 10년이 걸릴 거예요. =_____

Do you guys know Mayu? | Would you like some tea? | We want peace. | It will take 10 years.

STEP 1

A Can you recommend me a good _____? (좋은 식당 좀 추천해줄 수 있니?)
B There's this _____ restaurant in LA. (LA에 어떤 이탈리안 식당이 있어.)
B It's famous for its _____. (거기는 그곳의 파스타로 유명해.)
A Oh, my _____ is watering. (오, 군침 돌고 있어.)

STEP 2

• **restaurant** | 식당
 → Mary is running a restaurant. (Mary는 식당을 운영하고 있어.)
 → Her restaurant is in Daegu. (그녀의 식당은 대구에 있어.)

• **Italian** | 이탈리안, 이탈리아의
 → I love Italian food. (난 이탈리안 음식을 사랑해.)
 → Italian food is my favorite. (이탈리안 음식은 내가 가장 좋아하는 거야.)

• **pasta** | 파스타
 → Pasta is my favorite food. (파스타는 내가 가장 좋아하는 음식이야.)
 → I can cook pasta for you. (내가 널 위해 파스타를 요리해줄 수 있어.)

• **mouth** | 입
 → Close your mouth. (입을 다무세요.)
 → I opened my mouth. (난 입을 벌렸어.)

A Can you recommend me a good restaurant? (좋은 식당 좀 추천해줄 수 있니?)

recommend (사람) (명사) = (사람)에게 (명사)를 추천하다

→ She recommended me this program. (그녀가 내게 이 프로그램을 추천했어.)

→ Let me recommend you a great nail shop. (내가 너에게 좋은 네일숍을 추천할게.)

B There's this Italian restaurant in LA. (LA에 어떤 이탈리안 식당이 있어.)

this (명사) = 어떤 (명사)

→ I know this one girl. (내가 어떤 여자애를 한 명 아는데.)

→ There was this one guy. (어떤 남자가 한 명 있었어.)

B It's famous for its pasta. (거기는 그곳의 파스타로 유명해.)

be famous for (명사) = (명사)로 유명하다

→ Mayu is famous for unique teaching methods.
(마유는 그의 특별한 교수법으로 유명해.)

→ 왕초보영어 is famous for its awesome content.
(왕초보영어는 그것의 멋진 내용으로 유명해.)

A Oh, my mouth is watering. (오, 군침 돌고 있어.)

(주어) am/are/is (~ing). = (주어)는 (~ing)하고 있어.

→ My hands are shaking. (내 손이 떨리고 있어.)

→ The tiger is looking at us. (그 호랑이가 우릴 보고 있어.)

DAY 64

오, 군침 돌고 있어

1 나에게 좋은 카페를 추천해줘. =_____

2 난 어떤 한국 식당을 봤어. =_____

3 그는 그의 책들로 유명해. =_____

4 난 소설을 읽고 있어. =_____

Please recommend me a good café. | I saw this Korean restaurant. | He is famous for his books. | I am reading a novel.

DAY 65 저 연결 항공편 놓치면 안 돼요 _여행

STEP 1

A We are sorry for the _____. (지연에 대해 죄송합니다.)

A The plane will take off _____. (비행기가 곧 이륙할 거예요.)

B It's been 2 _____. (2시간이 지났잖아요.)

B I can't miss my connecting _____. (저 연결 항공편 놓치면 안 돼요.)

STEP 2

• **delay** | 지연

→ There will be a two-hour delay. (두 시간 지연이 있을 것입니다.)

→ What's causing the delay? (뭐가 지연을 초래하고 있는 거죠?)

• **shortly** | 곧

→ The show is going to start shortly. (쇼가 곧 시작할 것입니다.)

→ I'll be there shortly. (곧 거기에 도착할 거야.)

• **hour** | 시간

→ It's been 6 hours. (6시간이 지났어요.)

→ We need 3 more hours. (저희는 3시간이 더 필요해요.)

• **flight** | 항공편

→ What time is your flight? (네 항공편은 몇 시니?)

→ I missed my flight. (난 내 항공편을 놓쳤어.)

A **We are sorry for the delay.** (지연에 대해 죄송합니다.)

　　sorry for (명사) = (명사)에 대해 미안한

→ I am sorry for everything. (모든 것에 대해 미안해.)

→ We are sorry for the inconvenience. (불편함에 대해 죄송합니다.)

A **The plane will take off shortly.** (비행기가 곧 이륙할 거예요.)

　　take off = 이륙하다

→ The plane took off quickly. (그 비행기는 재빨리 이륙했다.)

→ Did it already take off? (그게 벌써 이륙했나요?)

B **It's been 2 hours.** (2시간이 지났잖아요.)

　　It's been (기간). = (기간)이 지났어요.

→ It's been two weeks. (2주일이 지났어요.)

→ It's been 10 months. (10개월이 지났어요.)

B **I can't miss my connecting flight.** (저 연결 항공편 놓치면 안 돼요.)

　　can't (동사원형) = (동사원형)하면 안 된다

→ I can't miss this show. (난 이 쇼를 놓치면 안 돼.)

→ You can't come in here. (너 여기에 들어오면 안 돼.)

1 난 이것에 대해 미안해. =＿＿＿＿＿＿＿＿＿＿＿＿＿＿＿＿＿

2 그 비행기는 5분 전에 이륙했어. =＿＿＿＿＿＿＿＿＿＿＿＿＿＿

3 2개월이 지났어요. =＿＿＿＿＿＿＿＿＿＿＿＿＿＿＿＿＿＿＿

4 우린 그걸 건드리면 안 돼. =＿＿＿＿＿＿＿＿＿＿＿＿＿＿＿＿

I am sorry for this. | The plane took off 5 minutes ago. | It's been 2 months. | We can't touch that.

엄청 큰 가족을 가지셨네요!

_가정

STEP 1

A Do you have any _____? (형제자매가 있으세요?)

B I'm an _____ child. (전 외동이에요.)

B I'm also a _____ of three. (전 아이 셋을 가진 엄마예요.)

A Wow! You've got a huge _____! (와! 엄청 큰 가족을 가지셨네요!)

STEP 2

- **sibling** | 형제자매
  - → I have two siblings. (전 형제자매가 둘이에요.)
  - → My youngest sibling is 20 years old. (제 가장 어린 형제자매는 20살이에요.)

- **only** | 유일한
  - → That is the only problem. (그게 유일한 문제야.)
  - → You are the only one. (네가 유일한 사람이야.)

- **mother** | 어머니
  - → My mother is a career woman. (우리 어머니는 커리어 우먼이야.)
  - → His mother is very wise. (그의 어머니는 매우 현명하셔.)

- **family** | 가족
  - → I miss my family. (난 내 가족이 그리워.)
  - → Her family is from Korea. (그녀의 가족은 한국에서 왔어.)

A Do you have any siblings? (형제자매가 있으세요?)

Do you have any (명사)? = 그 어떤 (명사)라도 있나요?

→ Do you have any questions? (그 어떤 질문들이라도 있나요?)

→ Do you have any money? (그 어떤 돈이라도 있니?)

B I'm an only child. (전 외동이에요.)

(주어) am/are/is (명사). = (주어)는 (명사)야.

→ I am your father. (난 네 아버지다.)

→ He is my enemy. (그는 내 적이야.)

B I'm also a mother of three. (전 아이 셋을 가진 엄마예요.)

a mother of (숫자) = 아이 (숫자)명을 가진 어머니

→ I am a mother of two. (전 아이 둘을 가진 엄마예요.)

→ I am a father of three. (전 아이 셋을 가진 아빠예요.)

A Wow! You've got a huge family! (와! 엄청 큰 가족을 가지셨네요!)

have got = 가지고 있다

→ They have got a lot of money. (그들은 많은 돈을 가지고 있어.)

→ She has got a sports car. (그녀는 스포츠카를 가지고 있어.)

1 그 어떤 캔디라도 가지고 있니? =_____

2 우린 쌍둥이야. =_____

3 전 아이 다섯을 가진 엄마예요. =_____

4 그들은 건물을 가지고 있어. =_____

Do you have any candy? | We are twins. | I am a mother of five. | They have got a building.

그녀는 공인회계사야

일상

STEP 1

A I didn't know you had a _____! (난 네가 여자 친구가 있는지 몰랐어!)

B I met her in _____. (그녀를 대학에서 만났어.)

A What does she _____? (뭐 하는 사람이야?)

B She is a _____. (그녀는 공인회계사야.)

STEP 2

• **girlfriend** | 여자 친구

→ Do you have a girlfriend? (너 여자 친구 있니?)

→ My girlfriend is a pharmacist. (내 여자 친구는 약사야.)

• **college** | 대학

→ He graduated from college in 2019. (그는 2019년에 대학에서 졸업했어.)

→ She is a college student. (그녀는 대학생이야.)

• **do** | 하다

→ I didn't do anything. (난 아무것도 안 했어.)

→ I can do that for you. (그렇게 해드릴 수 있어요.)

• **CPA** | 공인회계사

→ I want to be a CPA. (난 공인회계사가 되고 싶어.)

→ My aunt is a CPA. (우리 이모는 공인회계사야.)

A I didn't know you had a girlfriend! (난 네가 여자 친구가 있는지 몰랐어!)

    I didn't know (평서문). = 난 (평서문)인지 몰랐어.

→ I didn't know you had a car. (난 네가 차가 있는지 몰랐어.)

→ I didn't know she was your girlfriend. (난 그녀가 네 여자 친구인지 몰랐어.)

B I met her in college. (그녀를 대학에서 만났어.)

    in college = 대학에서, 대학시절에

→ When I was in college, I was popular. (난 대학시절에 인기 있었어.)

→ We met in college. (우린 대학에서 만났어.)

A What does she do? (뭐 하는 사람이야?)

    What do/does (주어) do? = (주어)는 뭐 해? / 뭐 하는 사람이니?

→ What do you do? (당신은 뭐 하는 분인가요?)

→ What does your boyfriend do? (네 남자 친구는 뭐 하는 사람이야?)

B She is a CPA. (그녀는 공인회계사야.)

    (주어) am/are/is (명사). = (주어)는 (명사)야.

→ My husband is a pilot. (내 남편은 기장이야.)

→ My wife is a barista. (내 아내는 바리스타야.)

DAY 67

그녀는 공인회계사야

STEP 4

1 난 네가 날 좋아했는지 몰랐어. = _____

2 우리 부모님은 대학에서 만났어. = _____

3 Daniel은 뭐하는 사람이야? = _____

4 우린 승무원이에요. = _____

We are flight attendants.

I didn't know you liked me. | My parents met in college. | What does Daniel do? |

앞 유리도 닦아주실 수 있을까요?

CHECK | 손영작 ☐ 입영작 ☐ 반복낭독 ☐ 수업 듣기 ☐

STEP 1

A Please fill it up with regular _____. (보통 휘발유로 가득 채워주세요.)
B OK. Please turn off the _____. (네. 엔진을 꺼주세요.)
A Could you _____ the windshield, too? (앞 유리도 닦아주실 수 있을까요?)
B You got it, _____. (알겠습니다, 부인.)

STEP 2

• **gas** | 휘발유
  → We don't have enough gas. (우린 휘발유가 충분치 않아.)
  → You need more gas. (넌 휘발유가 더 필요해.)

• **engine** | 엔진
  → Check your engine. (네 엔진을 체크해봐.)
  → The engine is so loud. (그 엔진은 엄청 시끄러워.)

• **clean** | 닦다
  → Please clean the window. (창문을 닦아주세요.)
  → We cleaned the floor. (우린 바닥을 닦았어.)

• **ma'am** | 여자에 대한 존칭
  → Yes, ma'am. (알겠습니다, 부인.)
  → Ma'am? Please follow me. (부인? 절 따라와주세요.)

A **Please fill it up with regular gas.** (보통 휘발유로 가득 채워주세요.)

with (명사) = (명사)로

→ Please fill it up with premium gas. (고급 휘발유로 가득 채워주세요.)

→ I fixed this computer with a screwdriver. (난 드라이버로 이 컴퓨터를 고쳤어.)

B **OK. Please turn off the engine.** (네. 엔진을 꺼주세요.)

turn off (명사) = (명사)를 끄다

→ Turn off the radio. (라디오를 꺼.)

→ Did you turn off the lights? (불들을 껐니?)

A **Could you clean the windshield, too?** (앞 유리도 닦아주실 수 있을까요?)

Could you (동사원형)? = (동사원형)해주실 수 있나요?

→ Could you check the engine? (엔진을 확인해주실 수 있나요?)

→ Could you close the door? (그 문 좀 닫아주실 수 있나요?)

B **You got it, ma'am.** (알겠습니다, 부인.)

You got it. = 알겠어요.

→ Please fix this problem. / You got it! (이 문제를 고쳐주세요. / 알겠습니다!)

→ I need a towel. / You got it. (수건이 필요해요. / 알겠습니다.)

DAY 68

앞 유리도 닦아주실 수 있을까요?

1 난 물로 내 손을 씻었어. =_____

2 난 엔진을 껐어. =_____

3 여기서 기다려주실 수 있나요? =_____

4 전 젓가락이 필요해요. / 알겠습니다! =_____

I washed my hands with water. | I turned off the engine. | Could you wait here? | I need chopsticks. / You got it!

이 레스토랑을 찾아서 행복해요 _식당

CHECK | 손영작 ☐ 입영작 ☐ 반복낭독 ☐ 수업 듣기 ☐

STEP 1

A How is _____ so far? (지금까지 다 어떤가요?)

B The steak is so _____ and juicy! (스테이크가 엄청 부드럽고 육즙이 많네요!)

A That's our _____. (그게 저희 전문이에요.)

B I'm _____ that I found this restaurant. (이 레스토랑을 찾아서 행복해요.)

STEP 2

- **everything** | 모든 것, 다
  - → Everything is perfect! (모든 게 완벽해!)
  - → Teddy knows everything. (Teddy는 다 알아.)

- **tender** | 부드러운
  - → Try this tender steak. (이 부드러운 스테이크 좀 먹어봐.)
  - → This chicken breast is so tender. (이 닭 가슴살은 엄청 부드러워.)

- **specialty** | 전문 분야, 전문
  - → That's Dr. Lee's specialty. (그게 Dr. Lee의 전문 분야예요.)
  - → What's your specialty? (당신의 전문은 뭔가요?)

- **happy** | 행복한
  - → They are both happy. (그들은 둘 다 행복해.)
  - → I am a happy girl. (난 행복한 여자야.)

A **How is everything so far?** (지금까지 다 어떤가요?)

so far = 지금까지

→ Everything is smooth so far. (지금까지는 모든 게 매끄러워.)

→ So far, so good! (지금까지는 아주 좋아요!)

B **The steak is so tender and juicy!** (스테이크가 엄청 부드럽고 육즙이 많네요!)

so (형용사) = 엄청 (형용사)한

→ My coffee is so strong. (내 커피는 엄청 진해.)

→ They are so jealous. (그들은 엄청 질투해.)

A **That's our specialty.** (그게 저희 전문이에요.)

our (명사) = 우리의 (명사)

→ That's our mission. (그게 우리 임무야.)

→ That's our new home. (그건 우리의 새집이야.)

B **I'm happy that I found this restaurant.** (이 레스토랑을 찾아서 행복해요.)

I'm happy that (평서문). = (평서문)이라 행복해.

→ I'm happy that you like my gift. (네가 내 선물을 좋아해서 행복해.)

→ I'm happy that you guys are here. (여러분이 여기 있어서 행복해요.)

DAY 69

이 레스토랑을 찾아서 행복해요

1 지금까지는 모든 게 괜찮은가요? =＿＿＿＿＿＿＿＿＿＿＿＿

2 난 엄청 배불러. =＿＿＿＿＿＿＿＿＿＿＿＿＿＿＿＿＿

3 그게 우리의 목표야. =＿＿＿＿＿＿＿＿＿＿＿＿＿＿＿

4 난 마유가 내 선생님이라 행복해. =＿＿＿＿＿＿＿＿＿

Is everything okay so far? | I am so full. | That is our goal. | I am happy that Mayu is my teacher.

DAY 70 방금 파리로 가는
제 비행 편을 놓쳤는데요 _여행

STEP 1

A I just missed my flight to _____. (방금 파리로 가는 제 비행 편을 놓쳤는데요.)

A What should I do _____? (이제 어떻게 하는 게 좋을까요?)

B We have another flight at 8 _____. (8시에 비행 편이 하나 더 있습니다.)

B That's the _____ flight to Paris today.
(그게 오늘 파리로 가는 마지막 비행 편이에요.)

STEP 2

• **Paris** | 파리
→ I have been to Paris. (난 파리에 가본 적이 있어.)
→ Where is Paris? (파리는 어디에 있어?)

• **now** | 이제, 지금
→ The patient is okay now. (그 환자는 이제 괜찮아요.)
→ Where is he now? (그는 지금 어디 있지?)

• **o'clock** | 시
→ It's already 10 o'clock! (벌써 10시야!)
→ We have a meeting at 12 o'clock. (우린 12시에 미팅이 있어.)

• **last** | 마지막의
→ This is your last chance. (이게 네 마지막 기회야.)
→ What time is the last show? (몇 시가 마지막 쇼인가요?)

A **I just missed my flight to Paris.** (방금 파리로 가는 제 비행 편을 놓쳤는데요.)

flight to (장소) = (장소)로 가는 비행 편

→ I missed my flight to Incheon. (전 인천으로 가는 제 비행 편을 놓쳤어요.)

→ I can't miss my flight to Tokyo. (전 도쿄로 가는 제 비행 편을 놓치면 안 돼요.)

A **What should I do now?** (이제 어떻게 하는 게 좋을까요?)

What should I (동사원형)? = 제가 뭘 (동사원형)하는 게 좋을까요?

→ What should I eat? (내가 뭘 먹는 게 좋을까?)

→ What should I write? (내가 뭘 쓰는 게 좋을까? / 뭐라고 쓰는 게 좋을까?)

B **We have another flight at 8 o'clock.** (8시에 비행 편이 하나 더 있습니다.)

at (시간) = (시간)에

→ I have another class at 10:30. (난 10시 30분에 수업이 하나 더 있어.)

→ The concert started at 8. (그 콘서트는 8시에 시작했어.)

B **That's the last flight to Paris today.**

(그게 오늘 파리로 가는 마지막 비행 편이에요.)

the (최상급 형용사) = (최상급 형용사)인

→ This is the tallest tree in the world. (이건 세상에서 가장 키가 큰 나무야.)

→ He is the strongest man in history. (그는 역사상 가장 강한 남자야.)

STEP 4

1 전 토론토로 가는 제 비행 편을 놓쳤어요. = _____

2 난 뭘 마시는 게 좋을까? = _____

3 내가 너에게 6시에 전화할게. = _____

4 이게 가장 작은 가방이에요. = _____

I missed my flight to Toronto. | What should I drink? | I will call you at 6. | This is the smallest bag.

STEP 1

A _____ have you been? (너 어디 있었니?)

B I was at my friend's _____. I'm sorry. (제 친구 집에 있었어요. 죄송해요.)

B I think I fell _____. (잠들었던 거 같아요.)

A Never do this _____. (다신 이러지 말거라.)

STEP 2

- **where** | 어디에, 어디로, 어디에서
  - → Where are you? (너 어디 있니?)
  - → Where did you eat? (너 어디에서 먹었니?)

- **house** | 집
  - → This is an old house. (이건 오래된 집이야.)
  - → Is this Robin's house? (이게 Robin의 집이니?)

- **asleep** | 잠들어 있는
  - → My baby is asleep. (내 아기는 잠들어 있어.)
  - → I was asleep. (난 잠들어 있었어.)

- **again** | 다시, 또
  - → She is crying again. (그녀는 또 울고 있어.)
  - → The rapper visited Korea again. (그 래퍼는 한국을 다시 방문했어.)

A **Where have you been?** (너 어디 있었니?)

Where have/has (주어) been? = (주어)는 어디 있었니?

→ Where has she been? (그녀는 어디 있었지?)

→ Where have they been? (그들은 어디 있었지?)

B **I was at my friend's house. I'm sorry.** (제 친구 집에 있었어요. 죄송해요.)

at (장소) = (장소)에

→ I am at the building. (난 그 건물에 있어.)

→ She is at the warehouse. (그녀는 그 창고에 있어.)

B **I think I fell asleep.** (잠들었던 거 같아요.)

fall asleep = 잠들다

→ Don't fall asleep. (잠들지 마.)

→ I totally fell asleep. (나 완전 잠들었어.)

A **Never do this again.** (다신 이러지 말거라.)

Never (동사원형). = 절대 (동사원형)하지 마.

→ Never mention my name. (절대 내 이름을 언급하지 마.)

→ Never be sad. (절대 슬퍼하지 마.)

DAY 71

다신 이러지 말거라

1 너희들 어디에 있었니? =_____

2 우린 그 공항에 있어. =_____

3 너 또 잠들었니? =_____

4 절대 내 자동차를 건드리지 마. =_____

Where have you guys been? | We are at the airport. | Did you fall asleep again? | Never touch my car.

신문에서 입양 광고를 봤어요 _일상

STEP 1

A I saw your adoption ad in the _____. (신문에서 입양 광고를 봤어요.)

B I see. We have many abandoned _____ here.
(그렇군요. 여기 많은 유기견들이 있어요.)

B They all need a new _____. (모두 새로운 집이 필요하죠.)

A I'm dying to _____ one. (한 마리를 입양하고 싶어 죽겠어요.)

STEP 2

- **newspaper** | 신문
  → My father is reading a newspaper. (우리 아버지는 신문을 읽고 계셔.)
  → I read the article in the newspaper. (난 신문에서 그 기사를 읽었어.)

- **dog** | 개
  → Whose dog is this? (이건 누구의 개지?)
  → She has such a lovely dog. (그녀는 엄청 사랑스러운 개를 데리고 있어.)

- **home** | 집, 집으로, 집에, 집에서
  → This is our home. (이건 우리 집이야.)
  → I want to go home. (난 집에 가고 싶어.)

- **adopt** | 입양하다
  → They adopted a child. (그들은 아이를 입양했어.)
  → The actress wants to adopt two babies. (그 배우는 아기 두 명을 입양하고 싶어 해.)

A **I saw your adoption ad in the newspaper.** (신문에서 입양 광고를 봤어요.)

(과거동사) = (과거동사)했다

→ I saw your pictures. (난 네 사진을 봤어.)

→ They stole my information. (그들이 제 정보를 훔쳤어요.)

B **I see. We have many abandoned dogs here.**

(그렇군요. 여기 많은 유기견들이 있어요.)

many (복수명사) = 많은 (복수명사)들

→ I have many coins. (난 동전이 많아.)

→ I see many buildings. (많은 건물이 보여.)

B **They all need a new home.** (모두 새로운 집이 필요하죠.)

(주어) all = (주어) 모두

→ We all have problems. (우리 모두 문제를 가지고 있죠.)

→ They all want to learn English. (그들 모두 영어를 배우고 싶어 해요.)

A **I'm dying to adopt one.** (한 마리를 입양하고 싶어 죽겠어요.)

be dying to (동사원형) = (동사원형)하고 싶어 죽겠다

→ I am dying to see my son. (난 내 아들을 보고 싶어 죽겠어.)

→ We are dying to get married. (우린 결혼하고 싶어 죽겠어.)

1 그는 모든 걸 외웠어. =_____

2 우린 많은 쿠키들이 있어요. =_____

3 그들 모두 이 책을 가지고 있어. =_____

4 난 김치를 먹고 싶어 죽겠어. =_____

He memorized everything. | We have many cookies. | They all have this book. | I am dying to eat kimchi.

DAY 72

신문에서 입양 광고를 봤어요

DAY 73

네, 약간 더 둘러볼게요

쇼핑

CHECK | 손영작 □ 입영작 □ 반복낭독 □ 수업 듣기 □

STEP 1

A So, have you _____? (그래서, 결정하셨나요?)

B I can't decide between these two _____.
(이 치마 두 개 중에 결정을 못하겠네요.)

A Take your _____. (천천히 하세요.)

B Okay. I'll look around a bit _____. (네. 약간 더 둘러볼게요.)

STEP 2

- **decide** | 결정
  → We have already decided. (우린 이미 결정했어요.)
  → You must decide now. (반드시 지금 결정하셔야만 해요.)

- **skirt** | 치마
  → I don't like wearing a skirt. (난 치마 입는 걸 안 좋아해.)
  → She bought a long skirt. (그녀는 긴 치마를 샀어.)

- **time** | 시간
  → We don't have enough time. (우린 시간이 충분치 않아.)
  → Can you make time for me? (날 위해 시간 내줄 수 있니?)

- **more** | 더
  → I want to eat more. (난 더 먹고 싶어.)
  → Why don't you drink more? (더 마시는 게 어때?)

A So, have you decided? (그래서, 결정하셨나요?)

　have (p.p.) = (p.p.)한 상태다 / (p.p.)했다

→ I have received your email. (난 네 이메일을 받은 상태야.)

→ Have you found your ring? (넌 네 반지를 찾은 상태니?)

B I can't decide between these two skirts. (이 치마 두 개 중에 결정을 못하겠네요.)

　can't decide between (명사1) and (명사2) = (명사1)과 (명사2) 중에 결정을 못하겠다

→ I can't decide between the yellow one and the blue one.

　(난 노란 거랑 파란 것 중에 결정을 못하겠어.)

→ We can't decide between these options. (우린 이 옵션 중에 결정을 못하겠어.)

A Take your time. (천천히 하세요.)

　take one's time = 시간을 가지고 천천히 하다

→ I took my time. (난 시간을 가지고 천천히 했어.)

→ We took our time. (우린 시간을 가지고 천천히 했어.)

B Okay. I'll look around a bit more. (네. 약간 더 둘러볼게요.)

　a bit = 약간

→ I ate a bit. (나 약간 먹었어.)

→ We drank a bit. (우린 약간 마셨어.)

DAY 73

네, 약간 더 둘러볼게요

1 난 내 목걸이를 잃어버린 상태야. =＿＿＿＿＿＿＿＿＿＿＿＿

2 난 Tom이랑 Ben 중에 결정을 못하겠어. =＿＿＿＿＿＿＿＿＿＿

3 너 시간을 가지고 천천히 해도 돼. =＿＿＿＿＿＿＿＿＿＿＿＿

4 약간 둘러봐. =＿＿＿＿＿＿＿＿＿＿＿＿＿＿＿＿

I have lost my necklace. | I can't decide between Tom and Ben. | You can take your time. | Look around a bit.

대화를 나눌 수가 없어요

_식당

STEP 1

A Can you turn down the _____? (볼륨 좀 줄여주실 수 있나요?)

B Is it too _____? (너무 시끄러운가요?)

A Yes. We can't have a _____. (네. 대화를 나눌 수가 없어요.)

B I'll turn it down _____ _____. (즉시 줄여드릴게요.)

STEP 2

• **volume** | 볼륨

→ The volume is too loud. (볼륨이 너무 커.)

→ Turn up the volume! (볼륨을 키워!)

• **loud** | 시끄러운, 소리가 너무 큰

→ It's not too loud. (너무 시끄럽지는 않아.)

→ The music was pretty loud. (그 음악은 꽤 소리가 컸어.)

• **conversation** | 대화

→ I had a conversation with Mini. (난 Mini와 대화를 했어.)

→ I had a conversation with my friend. (난 내 친구와 대화했어.)

• **right away** | 즉시

→ Do it right away. (그걸 즉시 해.)

→ I will send it right away. (그걸 즉시 보낼게요.)

A **Can you turn down the volume?** (볼륨 좀 줄여주실 수 있나요?)

    turn down the volume = 볼륨을 줄이다

→ Please turn down the volume. (볼륨을 줄여주세요.)

→ Who turned down the volume? (누가 볼륨을 줄였니?)

B **Is it too loud?** (너무 시끄러운가요?)

    too (형용사) = 너무 (형용사)한

→ The light is too bright. (빛이 너무 밝아.)

→ This steak is too rare. (이 스테이크는 너무 설익었어.)

A **Yes. We can't have a conversation.** (네. 대화를 나눌 수가 없어요.)

    have a conversation = 대화를 나누다

→ They are having a conversation. (그들은 대화 중이야.)

→ We couldn't have a conversation. (우린 대화를 나눌 수가 없었어.)

B **I'll turn it down right away.** (즉시 줄여드릴게요.)

    will (동사원형) = (동사원형)할게요 / 할 거예요 / 할래요

→ I will give you some samples. (샘플을 좀 드릴게요.)

→ I will turn down the volume. (볼륨을 줄일게요.)

DAY 74

대화를 나눌 수가 없어요

---

1 전 이미 볼륨을 줄였어요. =_____

2 이 문제는 너무 쉬워! =_____

3 너 마유랑 대화 나눴니? =_____

4 내가 널 깨울게. =_____

Did you have a conversation with Mayu? | I will wake you up.

I already turned down the volume. | This question is too easy! |

159

CHECK | 손영작 ☐ 입영작 ☐ 반복낭독 ☐ 수업 듣기 ☐

STEP 1

A I'm visiting _____ next month. (나 다음 달에 미국 방문해.)

B You must be _____! (너 분명 신나 있겠다!)

B You will need travel _____. (너 여행 보험 필요할 거야.)

A I know. Medical _____ are expensive in America.
(알아. 미국에서는 의료비가 비싸지.)

STEP 2

• **America** | 미국

→ I have been to America. (난 미국에 가본 적 있어.)

→ America is huge. (미국은 엄청 커.)

• **excited** | 신난, 흥분한

→ Is your brother excited? (너희 형 신나 있니?)

→ I am not so excited. (난 그렇게 신나지는 않아.)

• **insurance** | 보험

→ Insurance is expensive in America. (미국에서 보험은 비싸.)

→ This is your insurance policy number. (이게 당신의 보험증권 번호예요.)

• **bill** | 청구서

→ I took care of the bill. (내가 그 청구서 처리했어. / 내가 계산했어.)

→ I haven't receive my bill. (전 제 청구서를 못 받았어요.)

A **I'm visiting America next month.** (나 다음 달에 미국 방문해.)

be (~ing) = (~ing)해

→ My movie is coming out soon. (내 영화는 곧 나와.)

→ I am seeing my boyfriend tomorrow. (난 내일 내 남자 친구를 봐.)

B **You must be excited!** (너 분명 신나 있겠다!)

must be (형용사) = 분명히 (형용사)할 것이다

→ She must be thirsty. (그녀는 분명 목마르겠다.)

→ You must be jealous. (너 분명 질투 나겠다.)

B **You will need travel insurance.** (너 여행 보험 필요할 거야.)

will (동사원형) = (동사원형)할 거야

→ She will call you. (그녀는 너에게 전화할 거야.)

→ You will be fine. (넌 괜찮을 거야.)

A **I know. Medical bills are expensive in America.**

(알아. 미국에서는 의료비가 비싸지.)

in (나라/도시) = (나라/도시)에서는 / (나라/도시)에서

→ My daughter is studying in France. (내 딸은 프랑스에서 공부 중이야.)

→ My nephew is working in Seoul. (내 조카는 서울에서 일하고 있어.)

1 그녀는 내년에 와. =_____

2 그들은 분명 배고프겠다. =_____

3 넌 이 아이디가 필요할 거야. =_____

4 우린 스페인에서 공부하고 있어. =_____

She is coming next year. | They must be hungry. | You will need this ID. | We are studying in Spain.

나 임신 2개월이래요!

_가정

STEP 1

A So, what did the doctor _____? (그래서, 의사가 뭐라고 했어요?)

B I'm 2 months _____! (나 임신 2개월이래요!)

A Oh, my God! I can't _____ this! (오, 맙소사! 못 믿겠어요!)

B We are going to be _____! (우리가 엄마 아빠가 되는 거예요!)

STEP 2

• **say** | 말하다

→ Did you say "Yes"? (너 "응"이라고 말했니?)

→ Who said that? (누가 그걸 말했어? / 누가 그래?)

• **pregnant** | 임신한

→ My sister is pregnant. (우리 언니는 임신했어.)

→ Is your wife pregnant? (아내가 임신하셨나요?)

• **believe** | 믿다

→ I believe you. (난 널 믿어.)

→ Never believe that guy. (저 남자 절대 믿지 마.)

• **parents** | 부모

→ Bring your parents. (너희 부모님을 모셔 오렴.)

→ My parents are not in Korea. (저희 부모님은 한국에 안 계세요.)

A **So, what did the doctor say?** (그래서, 의사가 뭐라고 했어요?)

What did (주어) (동사원형)? = (주어)가 뭘 (동사원형)했어?

→ What did you eat? (너 뭐 먹었어?)

→ What did Jane see? (Jane이 뭘 봤어?)

B **I'm 2 months pregnant!** (나 임신 2개월이래요!)

(숫자) months pregnant = 임신 (숫자)개월

→ I'm 6 months pregnant. (전 임신 6개월이에요.)

→ My wife is 4 months pregnant. (제 아내는 임신 4개월이에요.)

A **Oh, my God! I can't believe this!** (오, 맙소사! 못 믿겠어요!)

can't (동사원형) = (동사원형)할 수 없다

→ I can't imagine. (난 상상을 못 하겠어.)

→ We can't solve this puzzle. (우린 이 퍼즐을 못 풀겠어.)

B **We are going to be parents!** (우리가 엄마 아빠가 되는 거예요!)

be going to (동사원형) = (동사원형)할 것이다

→ I am going to be a dad! (난 아빠가 될 거야!)

→ She is going to major in math. (그녀는 수학을 전공할 거야.)

1 너 뭐 건드렸어? =_____

2 난 임신 7개월이야. =_____

3 난 지금 떠날 수 없어. =_____

4 우린 파트너가 될 거야. =_____

What did you touch? | I am 7 months pregnant. | I can't leave now. | We are going to be partners.

다음에 함께할게요

_일상

CHECK | 손영작 □ 입영작 □ 반복낭독 □ 수업 듣기 □

STEP 1

A Do you want to _____ us for dinner? (저녁식사 저희와 함께하실래요?)

B I wish but I have to _____ a seminar.
(그럴 수 있으면 좋을 텐데 세미나에 참석해야 해요.)

A Oh, that's too _____. (아, 아쉽네요.)

B I'll take a _____ check. (다음에 함께할게요.)

STEP 2

• **join** | ~와 합류하다, ~와 함께하다

→ Join our team! (저희 팀에 합류하세요!)

→ Can I join you guys? (내가 너희들이랑 함께해도 되니?)

• **attend** | ~에 참석하다

→ I attended the game. (난 그 경기에 참석했어.)

→ We attended the ceremony. (우린 그 기념식에 참석했어.)

• **bad** | 나쁜, 안 좋은

→ The situation is pretty bad. (그 상황은 꽤 안 좋아.)

→ This is a bad example. (이건 안 좋은 예야.)

• **rain** | 비

→ There will be rain tomorrow. (내일은 비가 올 것입니다.)

→ The rain finally ended. (그 비는 마침내 그쳤다.)

A Do you want to join us for dinner? (저녁식사 저희와 함께하실래요?)

join (사람) for (식사) = (사람)과 (식사)를 함께하다

→ I want to join them for lunch. (난 그들과 점심을 함께하고 싶어.)

→ Can I join you for dinner? (제가 당신들과 저녁을 함께할 수 있을까요?)

B I wish but I have to attend a seminar.

(그럴 수 있으면 좋을 텐데 세미나에 참석해야 해요.)

attend (명사) = (명사)에 참석하다

→ We have to attend the expo. (우린 그 엑스포에 참석해야만 해.)

→ I attended the ceremony. (난 그 기념식에 참석했어.)

A Oh, that's too bad. (아, 아쉽네요.)

too (형용사) = 너무 (형용사)한

→ You are too lazy. (넌 너무 게을러.)

→ I am too bored. (난 너무 지루해.)

B I'll take a rain check. (다음에 함께할게요.)

I'll take a rain check. = 다음에 할게요.

→ Join us! / I'll take a rain check. (우리와 함께하자! / 다음에 할게요.)

→ I'm busy today but I'll take a rain check. (오늘은 바쁘지만 다음에 할게.)

1 저희와 아침을 함께하세요. =_____

2 우린 그 모임에 참석했어. =_____

3 이 색은 너무 어두워. =_____

4 내 파티에 와! / 다음에 할게요. =_____

Join us for breakfast. | We attended the meeting. | This color is too dark. | Come to my party! / I'll take a rain check.

STEP 1

A Your _____ card was declined. (손님 신용카드가 승인 거절됐습니다.)

B Could you _____ again? (다시 시도해주실 수 있나요?)

A It's _____ not going through. (여전히 처리되지 않고 있어요.)

B I'll just _____ cash, then. (그럼 그냥 현금을 낼게요.)

STEP 2

- **credit** | 신용
  - → My friend has bad credit. (내 친구는 신용이 안 좋아.)
  - → You need a good credit score. (넌 좋은 신용 점수가 필요해.)

- **try** | 시도하다
  - → I tried 100 times. (난 100번을 시도했어.)
  - → Why don't you try one more time? (한 번 더 시도해보는 게 어때?)

- **still** | 여전히
  - → My husband is still handsome. (내 남편은 여전히 잘생겼어.)
  - → We are still good friends. (우린 여전히 좋은 친구야.)

- **pay** | 지불하다
  - → I can pay now. (저 지금 낼 수 있어요.)
  - → Did you pay for this? (이거 지불하셨나요?)

A Your credit card was declined. (손님 신용카드가 승인 거절됐습니다.)

was/were (형용사) = (형용사)했다

→ His offer was declined. (그의 제안은 거절됐어.)

→ Their kids were shy. (그들의 아이들은 수줍었어.)

B Could you try again? (다시 시도해주실 수 있나요?)

Could you (동사원형)? = (동사원형)해주실 수 있나요?

→ Could you wait here? (여기서 기다려주실 수 있나요?)

→ Could you use less salt? (소금을 덜 써주실 수 있나요?)

A It's still not going through. (여전히 처리되지 않고 있어요.)

be not (~ing) = (~ing)하고 있지 않다

→ The TV is not working. (TV가 작동하고 있지 않아요.)

→ We are not sleeping. (우린 자고 있지 않아.)

B I'll just pay cash, then. (그럼 그냥 현금을 낼게요.)

then = 그러면

→ Email me later, then. (그러면 내게 나중에 이메일 해.)

→ I'll text you later, then. (그러면 내가 너에게 나중에 문자 보낼게.)

DAY 78

손님 신용카드가 승인 거절되었습니다

STEP 4

1 난 목이 말랐었어. =_____

2 당신의 자전거를 옮겨주실 수 있나요? =_____

3 비가 오고 있지 않아. =_____

4 그러면 날 나중에 깨워. =_____

I was thirsty. | Could you move your bicycle? | It's not raining. | Wake me up later, then.

167

DAY 79 오늘 너무 많은 카페인을 섭취해서요 _식당

STEP 1

A Do you have anything without _____? (카페인 없는 것 아무거나 있나요?)

A I _____ too much caffeine today. (오늘 너무 많은 카페인을 섭취해서요.)

B This _____ is completely caffeine-free. (이 스무디는 완전 카페인이 없어요.)

B You can _____ whipped cream, too. (휘핑크림도 추가하셔도 되고요.)

STEP 2

• **caffeine** | 카페인

→ Is caffeine bad? (카페인은 나쁜 건가요?)

→ She needs more caffeine. (그녀는 더 많은 카페인이 필요해.)

• **have** | 먹다, 섭취하다

→ Did you have lunch? (너 점심 먹었니?)

→ We're having brunch right now. (우리 지금 브런치 먹고 있어.)

• **smoothie** | 스무디

→ I would like a strawberry smoothie. (전 딸기 스무디를 원해요.)

→ Do you have smoothies? (스무디가 있나요?)

• **add** | 추가하다

→ Add more black pepper. (더 많은 후추를 추가해.)

→ I just added the item. (난 방금 그 상품을 추가했어.)

A Do you have anything without caffeine? (카페인 없는 것 아무거나 있나요?)

without (명사) = (명사)가 없는 / (명사) 없이

→ This is a job without stress. (이건 스트레스가 없는 직업이야.)

→ We can't survive without water. (우린 물 없이는 생존할 수 없어.)

A I had too much caffeine today. (오늘 너무 많은 카페인을 섭취해서요.)

too much (셀 수 없는 명사) = 너무 많은 (셀 수 없는 명사)

→ I drank too much water. (난 너무 많은 물을 마셨어.)

→ We have too much work. (우린 일이 너무 많아.)

B This smoothie is completely caffeine-free. (이 스무디는 완전 카페인이 없어요.)

(명사)-free = (명사)가 없는

→ I'm looking for fat-free milk. (전 무지방 우유를 찾고 있어요.)

→ Do you have sugar-free juice? (무가당 주스가 있나요?)

B You can add whipped cream, too. (휘핑크림도 추가하셔도 되고요.)

(평서문), too. = 마찬가지로 (평서문)이다.

→ You can add ice, too. (얼음도 추가할 수 있어요.)

→ I play piano, too. (전 피아노도 쳐요.)

DAY 79

오늘 너무 많은 카페인을 섭취해서요

1 난 모니터 없는 컴퓨터가 필요해. =＿＿＿＿＿＿＿＿＿＿＿＿＿

2 우린 너무 많은 음식을 먹었어. =＿＿＿＿＿＿＿＿＿＿＿＿＿

3 이건 세금이 없는 상품이야. =＿＿＿＿＿＿＿＿＿＿＿＿＿

4 나도 널 사랑해. =＿＿＿＿＿＿＿＿＿＿＿＿＿＿＿＿＿＿＿

I love you, too.

I need a computer without a monitor. | We had too much food. | This is a tax-free item. |

문이 잠겨서 들어갈 수가 없어요 _여행

CHECK | 손영작 ☐ 입영작 ☐ 반복낭독 ☐ 수업 듣기 ☐

STEP 1

A _____ me. I'm locked out. (실례합니다. 문이 잠겨서 들어갈 수가 없어요.)

B Did you leave both keys _____? (열쇠를 둘 다 안에 놔두셨나요?)

A _____, I did. (유감스럽게도 그랬어요.)

B Not to worry. We have spare _____. (걱정하실 것 없어요. 여분 열쇠들이 있어요.)

STEP 2

• **excuse** | 용서하다, 면제해주다

　→ I was excused from work. (난 일에서 면제받았어.)

　→ Excuse us. (저희를 용서해주세요. / 실례합니다.)

• **inside** | 안에

　→ I left my wallet inside. (난 내 지갑을 안에 놔뒀어.)

　→ My kids are playing inside. (내 아이들은 안에서 놀고 있어.)

• **unfortunately** | 유감스럽게도

　→ Unfortunately, she's not here. (유감스럽게도 그녀는 여기에 없어요.)

　→ Unfortunately, it's sold out. (유감스럽게도 그건 매진됐어요.)

• **key** | 열쇠

　→ I need an extra key. (난 여분의 열쇠가 필요해.)

　→ Is this key yours? (이 열쇠는 네 거니?)

A **Excuse me. I'm locked out.** (실례합니다. 문이 잠겨서 들어갈 수가 없어요.)

locked out = 문이 잠겨서 들어가지 못하고 있는

→ We are both locked out. (저희는 둘 다 문이 잠겨서 못 들어가고 있어요.)

→ Are you guys locked out? (너희는 문이 잠겨서 못 들어가고 있니?)

B **Did you leave both keys inside?** (열쇠를 둘 다 안에 놔두셨나요?)

both (복수명사) = (명사) 둘 다

→ I have both colors. (난 두 색 다 있어.)

→ I left both bags inside. (전 가방 둘 다 안에 놔뒀어요.)

A **Unfortunately, I did.** (유감스럽게도 그랬어요.)

I did. = 그랬어요. / 그렇게 했어요.

→ Of course, I did. (물론 그랬죠.)

→ I think I did. (그렇게 한 거 같아요.)

B **Not to worry. We have spare keys.**

(걱정하실 것 없어요. 여분 열쇠들이 있어요.)

Not to worry. = 걱정할 것 없어.

→ They are coming. Not to worry. (그들은 와. 걱정할 거 없어.)

→ Not to worry. It won't hurt. (걱정할 거 없어. 안 아플 거야.)

1 그들은 문이 잠겨서 못 들어가고 있나요? =＿＿＿＿＿＿＿＿＿＿

2 난 두 옵션 다 선택했어. =＿＿＿＿＿＿＿＿＿＿

3 그럼요, 그랬죠. =＿＿＿＿＿＿＿＿＿＿

4 그녀는 괜찮아. 걱정할 것 없어. =＿＿＿＿＿＿＿＿＿＿

Are they locked out? | I chose both options. | Sure, I did. | She is okay. Not to worry.

크리스마스에 뭘 원하니?

_가정

CHECK | 손영작 ☐ 입영작 ☐ 반복낭독 ☐ 수업 듣기 ☐

STEP 1

A What do you want for _____? (크리스마스에 뭘 원하니?)

B I hope Santa gets me a _____.
(산타 할아버지가 스노보드를 가져다주시면 좋겠어요.)

B I have been a good _____! (착하게 행동했어요!)

A I'm sure you will get _____. (아마 그걸 받을 거야.)

STEP 2

- **Christmas** | 크리스마스
  → Christmas is here. (크리스마스가 왔어.)
  → I am dreaming of a white Christmas. (난 하얀 크리스마스를 꿈꾸고 있어.)

- **snowboard** | 스노보드
  → I sold my old snowboard. (난 내 오래된 스노보드를 팔았어.)
  → This is an expensive snowboard. (이건 비싼 스노보드야.)

- **boy** | 소년, 아들
  → Look at this cute boy! (이 귀여운 소년 좀 봐!)
  → I have two boys. (전 아들이 둘이에요.)

- **one** | 것
  → I have a lighter one. (난 더 가벼운 게 있어.)
  → I like these pink ones. (난 이 핑크로 된 것들이 좋아.)

A **What do you want for Christmas?** (크리스마스에 뭘 원하니?)

What do you want for (명사)? = (명사)를 위해 뭘 원하니?

→ What do you want for your birthday? (네 생일을 위해 뭘 원해?)

→ What do you want for our anniversary? (우리 기념일을 위해 뭘 원해요?)

B **I hope Santa gets me a snowboard.**

(산타 할아버지가 스노보드를 가져다주시면 좋겠어요.)

I hope (평서문). = (평서문)이길 바라. / (평서문)이면 좋겠어.

→ I hope you are happy. (네가 행복하길 바라.)

→ I hope he is still single. (그가 여전히 싱글이면 좋겠어.)

B **I have been a good boy!** (착하게 행동했어요!)

have been (명사/형용사) = (명사/형용사)해왔다

→ I have been a good girl. (전 착한 소녀여왔어요. / 착하게 행동했어요.)

→ The weather has been warm. (날씨가 따뜻해왔어요.)

A **I'm sure you will get one.** (아마 그걸 받을 거야.)

get (명사) = (명사)를 받다

→ I got your message. (난 네 메시지를 받았어.)

→ Did you get my email? (넌 내 이메일을 받았니?)

1 네 결혼식을 위해 뭘 원해? =_____

2 그녀가 건강하길 바라. =_____

3 우린 친구여왔어. =_____

4 난 네 편지를 받았어. =_____

I got your letter. | We have been friends. | I hope she is healthy. | What do you want for your wedding?

그래서 이 파카를 산 거야

STEP 1

A This _____ is especially cold. (이번 겨울은 유난히 춥네.)
B That's why I bought this _____. (그래서 이 파카를 산 거야.)
A _____! Let me try it on! (좋다! 나 한번 입어볼게!)
B In your _____, pal. (꿈 깨셔, 친구.)

STEP 2

- **winter** | 겨울
  - → This winter is pretty warm. (이번 겨울은 꽤 따뜻해.)
  - → I prefer winter. (난 겨울을 선호해.)

- **parka** | 파카
  - → I'm wearing a parka. (난 파카를 입고 있어.)
  - → Parkas are expensive. (파카는 비싸.)

- **nice** | 좋은
  - → Juliet is a nice lady. (Juliet은 좋은 여자분이야.)
  - → The weather is nice! (날씨가 좋아!)

- **dream** | 꿈
  - → You were in my dreams. (너 내 꿈에 나왔어.)
  - → Dreams come true. (꿈은 이루어진다.)

A **This winter is especially cold.** (이번 겨울은 유난히 춥네.)

especially (형용사) = 유난히/특히 (형용사)한

→ This shrimp is especially delicious! (이 새우는 특히 맛있네요!)

→ My brother is especially excited. (우리 형은 유난히 신나 있어.)

B **That's why I bought this parka.** (그래서 이 파카를 산 거야.)

That's why (평서문). = 그래서 (평서문)인 거야.

→ That's why life is fun. (그래서 인생은 재미있는 거야.)

→ That's why I am learning English. (그래서 내가 영어를 배우고 있는 거야.)

A **Nice! Let me try it on!** (좋다! 나 한번 입어볼게!)

try (명사) on = (명사)를 한번 입어보다

→ Try this hat on. (이 모자를 한번 써봐.)

→ She tried my skirt on. (그녀는 내 치마를 한번 입어봤어.)

B **In your dreams, pal.** (꿈 깨셔, 친구.)

In your dreams. = 꿈 깨라.

→ She will be my wife. / In your dreams! (그녀는 내 아내가 될 거야. / 꿈 깨!)

→ I will be a millionaire. / In your dreams. (난 백만장자가 될 거야. / 꿈 깨.)

STEP 4

1 이 시험은 특히 쉬워. =_____

2 그래서 우리가 친구인 거야. =_____

3 이 드레스를 한번 입어봐. =_____

4 그는 내 남자 친구가 될 거야. / 꿈 깨! =_____

He will be my boyfriend. / In your dreams!
This test is especially easy. | That's why we are friends. | Try this dress on. |

어린이용 스노보드 있나요?

쇼핑

STEP 1

A Do you have snowboards for _____? (어린이용 스노보드 있나요?)

B We have everything from _____ to bindings. (부츠에서 바인딩까지 다 있어요.)

B How _____ is your child? (아이 키가 얼마나 되나요?)

A He's 130____ tall. (키가 130cm예요.)

STEP 2

- **kid** | 아이

  → Andy doesn't like kids. (Andy는 아이들을 안 좋아해.)

  → Do you like kids? (넌 아이들을 좋아하니?)

- **boots** | 부츠

  → I bought long boots. (난 긴 부츠를 샀어.)

  → I want these ankle boots. (난 이 발목 부츠를 원해.)

- **tall** | 키가 큰

  → My sister is tall. (우리 언니는 키가 커.)

  → There is a tall tree. (키가 큰 나무가 있어.)

- **cm** | 센티미터

  → She is 165cm tall. (그녀는 키가 165cm야.)

  → This is 10cm long. (이건 길이가 10cm야.)

A **Do you have snowboards for kids?** (어린이용 스노보드 있나요?)

　　for (명사) = (명사)용인

→ This suit is for men. (이 정장은 남성용이에요.)

→ We don't have gloves for kids. (저희는 아이용 장갑은 없어요.)

B **We have everything from boots to bindings.** (부츠에서 바인딩까지 다 있어요.)

　　from (명사1) to (명사2) = (명사1)에서 (명사2)까지

→ I know everything from his address to his phone number.
　　(난 그의 주소에서 전화번호까지 다 알아.)

→ I walked from Seoul to Busan. (난 서울에서 부산까지 걸었어.)

B **How tall is your child?** (아이 키가 얼마나 되나요?)

　　How tall am/are/is (주어)? = (주어)는 키가 몇이야?

→ How tall are you? (넌 키가 몇이야?)

→ How tall is your son? (네 아들은 키가 몇이야?)

A **He's 130cm tall.** (키가 130cm예요.)

　　(키) tall = 키가 (키)인

→ I am 170cm tall. (난 키가 170cm야.)

→ My daughter is 160cm tall. (내 딸은 키가 160cm야.)

1 이 수영복은 여성용이에요. =＿＿＿＿＿＿＿＿＿＿＿＿＿＿＿＿

2 난 뉴욕에서 뉴저지까지 달렸어. =＿＿＿＿＿＿＿＿＿＿＿＿＿＿＿＿

3 네 여자 친구는 키가 몇이야? =＿＿＿＿＿＿＿＿＿＿＿＿＿＿＿＿

4 내 남동생은 키가 150cm야. =＿＿＿＿＿＿＿＿＿＿＿＿＿＿＿＿

This swimsuit is for women. | I ran from New York to New Jersey. | How tall is your girlfriend? | My brother is 150cm tall.

달콤한데 너무 달지는 않네요

식당

STEP 1

A So, how was the _____? (그래서, 와인 어땠나요?)

B It's _____ to my taste. Is this French?
(제 입맛에 완벽히 맞아요. 이거 프랑스산인가요?)

A It's made in _____. (그건 이탈리아산입니다.)

B It tastes _____ but not too sweet. (달콤한데 너무 달지는 않네요.)

STEP 2

- **wine** | 와인
  - → What's the cheapest wine here? (여기 가장 싼 와인이 뭐예요?)
  - → I prefer wine to beer. (난 맥주보다 와인을 선호해.)

- **perfectly** | 완벽히, 완전히
  - → We are perfectly fine. (우린 완전 괜찮아요.)
  - → The plane landed perfectly. (그 비행기는 완벽히 착륙했어.)

- **Italy** | 이탈리아
  - → I used to live in Italy. (난 이탈리아에 살곤 했어.)
  - → Italy is in Europe. (이탈리아는 유럽에 있어.)

- **sweet** | 달콤한
  - → This candy is too sweet. (이 캔디는 너무 달아.)
  - → Your boyfriend is so sweet! (네 남자 친구 엄청 스윗하다!)

A So, how was the wine? (그래서, 와인 어땠나요?)

How was/were (명사)? = (명사)는 어땠어?

→ How was the interview? (그 면접은 어땠어?)

→ How was the movie? (그 영화는 어땠어?)

B It's perfectly to my taste. Is this French?

(제 입맛에 완벽히 맞아요. 이거 프랑스산인가요?)

to my taste = 내 입맛에 맞는

→ This steak is totally to my taste. (이 스테이크는 완전히 제 입맛에 맞아요.)

→ Is it to your taste? (그거 네 입맛에 맞니?)

A It's made in Italy. (그건 이탈리아산입니다.)

made in (나라) = (나라)에서 만들어지는 / (나라)산인

→ These cars are made in Korea. (이 자동차들은 한국산이에요.)

→ Is it made in Mexico? (그건 멕시코산이니?)

B It tastes sweet but not too sweet. (달콤한데 너무 달지는 않네요.)

taste (형용사) = (형용사)한 맛이 나다

→ It tastes too sour. (그건 너무 신맛이 나요.)

→ Does it taste good? (그건 좋은 맛이 나니? / 맛이 좋니?)

1 그 시험은 어땠어? = _____

2 이 파스타는 내 입맛에 안 맞아. = _____

3 이 커피는 베트남산이야. = _____

4 이 사과는 단맛이나. = _____

How was the test? | This pasta is not to my taste. | This coffee is made in Vietnam. | This apple tastes sweet.

투어를 위해 뭐가 필요한가요?

_여행

STEP 1

A What do I need for the _____? (투어를 위해 뭐가 필요한가요?)

B You need to bring your _____ and visa.
(여권과 비자를 가져오실 필요가 있어요.)

B Otherwise, you can't go across the _____.
(안 가져오시면 국경을 넘어갈 수가 없어요.)

A _____. (이해됐어요.)

STEP 2

• **tour** | 투어, 여행
  → The singer fainted during the tour. (그 가수는 그 투어 중에 실신했어.)
  → We went on a tour. (우린 여행을 갔어.)

• **passport** | 여권
  → My passport has expired. (내 여권은 만료됐어.)
  → You need a new passport. (넌 새 여권이 필요해.)

• **border** | 국경, 경계
  → They went across the border. (그들은 그 국경을 넘어갔어.)
  → Where is the border? (그 국경은 어디에 있어요?)

• **understand** | 이해하다
  → I understand. (이해해요.)
  → She never understands me. (그녀는 절대 날 이해 못 해.)

A **What do I need for the tour?** (투어를 위해 뭐가 필요한가요?)

What do I need for (명사)? = (명사)를 위해 뭐가 필요한가요?

→ What do I need for the trip? (그 여행을 위해 뭐가 필요한가요?)

→ What do I need for the seminar? (그 세미나를 위해 뭐가 필요하죠?)

B **You need to bring your passport and visa.**

(여권과 비자를 가져오실 필요가 있어요.)

bring (명사) = (명사)를 가져오다, 데려오다

→ Bring some cash. (현금을 좀 가져와.)

→ I brought some wine. (와인을 좀 가져왔어요.)

B **Otherwise, you can't go across the border.**

(안 가져오시면 국경을 넘어갈 수가 없어요.)

Otherwise, = 그렇지 않으면,

→ Otherwise, you will fail. (그렇지 않으면, 넌 실패할 거야.)

→ Otherwise, she will regret. (그렇지 않으면, 그녀는 후회할 거야.)

A **Understood.** (이해됐어요.)

Understood. = 이해됐어요.

→ Understood? / Understood. (이해됐나요? / 이해됐어요.)

→ OK? / Understood? (알겠어요? / 이해됐어요.)

1 그 파티를 위해 뭐가 필요한가요? =_____

2 네 친구들을 데려와. =_____

3 그렇지 않으면, 넌 올 수 없어. =_____

4 이해됐어요! =_____

What do I need for the party? | Bring your friends. | Otherwise, you can't come. | Understood!

잠자리에 들 시간이야

_가정

STEP 1

A What if _____ doesn't visit us? (산타 할아버지가 우릴 방문하지 않으면 어떡하죠?)

B Don't _____. He will. (걱정 말렴. 방문하실 거야.)

B It's _____ to go to bed. (잠자리에 들 시간이야.)

A I will because I'm a _____ boy. (그럴게요. 전 착한 아이니까요.)

STEP 2

- **Santa** | 산타 할아버지
  - → Is Santa real? (산타 할아버지는 진짜예요?)
  - → Santa is in the living room! (산타 할아버지가 거실에 있어!)

- **worry** | 걱정하다
  - → Don't worry about me. (내 걱정은 하지 마.)
  - → We worried about your sister. (우린 네 언니를 걱정했어.)

- **time** | 시간
  - → We don't have time. (우린 시간이 없어.)
  - → Time is up! (시간이 다 됐습니다!)

- **good** | 착한, 좋은
  - → You are a good man. (당신은 좋은 남자예요.)
  - → I left a good review. (전 좋은 리뷰를 남겼어요.)

A What if Santa doesn't visit us?

(산타 할아버지가 우릴 방문하지 않으면 어떡하죠?)

What if (평서문)? = (평서문)이면 어떡하지?

→ What if he doesn't like me? (그가 날 안 좋아하면 어떡하지?)

→ What if Mayu doesn't come? (마유가 안 오면 어떡해?)

B Don't worry. He will. (걱정 말렴. 방문하실 거야.)

Don't (동사원형). = (동사원형)하지 마.

→ Don't cry. (울지 마.)

→ Don't smile at me. (나에게 미소 짓지 마.)

B It's time to go to bed. (잠자리에 들 시간이야.)

It's time to (동사원형). = (동사원형)할 시간이야.

→ It's time to study English. (영어를 공부할 시간이야.)

→ It's time to make sentences. (문장들을 만들 시간이야.)

A I will because I'm a good boy. (그럴게요. 전 착한 아이니까요.)

because (평서문) = (평서문)이기 때문에 / (평서문)이니까

→ She is crying because she is nervous. (그녀는 긴장해서 울고 있어.)

→ We love you because you are our son.

(우린 네가 우리 아들이기 때문에 널 사랑하는 거야.)

DAY 86

1 Tina가 거기에 없으면 어떡하지? = _____

2 포기하지 마. = _____

3 운동할 시간이야. = _____

4 난 네 농담이 웃겨서 웃고 있어. = _____

I am laughing because your joke is funny.

What if Tina is not there? | Don't give up. | It's time to exercise. |

STEP 1

A What are you doing _____? It's Christmas Eve.
(오늘 밤에 뭐 하니? 크리스마스이브잖아.)

B I have a _____ with my girlfriend. (내 여자 친구랑 데이트가 있어.)

B What about _____? (넌?)

A I'm spending time with my _____. (난 우리 가족이랑 시간을 보내.)

STEP 2

- **tonight** | 오늘 밤에, 오늘 밤
  - → I'll see you tonight. (오늘 밤에 보자.)
  - → I am available tonight. (난 오늘 밤에 시간이 돼.)

- **date** | 데이트
  - → We enjoyed our date. (우린 우리의 데이트를 즐겼어.)
  - → I had a date with Eddie. (난 Eddie와 데이트를 했어.)

- **you** | 너 (주어, 목적어)
  - → You are my destiny. (너는 내 운명이야.)
  - → I think about you. (난 너에 대해 생각해.)

- **family** | 가족
  - → Family comes first. (가족이 가장 먼저 온다. / 가장 중요하다.)
  - → My family is my everything. (내 가족이 내 전부야.)

STEP 3

A What are you doing tonight? It's Christmas Eve.
(오늘 밤에 뭐 하니? 크리스마스이브잖아.)
What are you (~ing)? = 뭘 (~ing)하니? / 확정된 미래 사실에 대한 질문
→ What are you eating tonight? (너 오늘 밤에 뭐 먹어?)
→ What are you studying tomorrow? (너 내일 뭐 공부해?)

B I have a date with my girlfriend. (내 여자 친구랑 데이트가 있어.)
have a date with (명사) = (명사)와 데이트가 있다
→ I have a date with my husband. (난 내 남편이랑 데이트가 있어.)
→ She has a date with Chris. (그녀는 Chris와 데이트가 있어.)

B What about you? (넌?)
What about you? = 넌?
→ I'll be busy. What about you? (난 바쁠 거야. 넌?)
→ We'll be in LA. What about you? (우린 LA에 있을 거야. 넌?)

A I'm spending time with my family. (난 우리 가족이랑 시간을 보내.)
spend time with (명사) = (명사)와 시간을 보내다
→ I spent time with my cousin. (난 내 사촌과 시간을 보냈어.)
→ Spend some time with your parents. (너희 부모님과 시간을 좀 보내.)

STEP 4

1 넌 내일 뭐 해? = ____________________
2 난 내 남자 친구랑 데이트가 있어. = ____________________
3 난 여기에 있을 거야. 넌? = ____________________
4 네 가족과 시간을 보내. = ____________________

What are you doing tomorrow? | I have a date with my boyfriend. | I will be here. What about you? | Spend time with your family.

DAY 88 어서 선물을 열어보렴

쇼핑·크리스마스 스페셜

STEP 1

A _____! Santa was here! (애야! 산타 할아버지가 왔다 가셨다!)

B I can't believe I _____ him! (그를 놓쳤다니 믿을 수가 없어요!)

A Go ahead. _____ it up. (어서 선물을 열어보렴.)

B Oh, my God! He _____ got me a snowboard!
(오, 맙소사! 정말 스노보드를 가져다주셨어요!)

STEP 2

• **sweetie** | 애야, 자기야
  → Sweetie, come here. (애야, 여기 좀 오렴.)
  → I love you, sweetie. (자기야, 사랑해.)

• **miss** | 놓치다
  → Don't miss the train. (열차를 놓치지 마.)
  → I didn't miss the bus. (난 그 버스를 안 놓쳤어.)

• **open** | 열다
  → I opened up the box. (난 그 상자를 열었어.)
  → Open the door! (문 열어!)

• **really** | 정말로
  → This pattern is really easy. (이 패턴은 정말 쉬워.)
  → This winter is really cold. (이번 겨울은 정말 추워.)

A Sweetie! Santa was here! (애야! 산타 할아버지가 왔다 가셨다!)

(명사) was/were here. = (명사)가 여기 있었어. / 왔다 갔어.

→ Your grandfather was here. (너희 할아버지가 여기 왔다 가셨어.)

→ My brothers were here. (우리 형들이 여기 왔다 갔어.)

B I can't believe I missed him! (그를 놓쳤다니 믿을 수가 없어요!)

I can't believe (평서문). = (평서문)이라는 걸 믿을 수가 없어.

→ I can't believe Mayu is leaving. (마유가 떠난다니 믿을 수가 없어.)

→ I can't believe you are 20. (네가 20살이라니 믿을 수가 없어.)

A Go ahead. Open it up. (어서 선물을 열어보렴.)

Go ahead. = 어서 해. / 그렇게 해. / 계속해.

→ Go ahead. (계속해.)

→ Go ahead. Read the story. (그렇게 해. 그 이야기를 읽어.)

B Oh, my God! He really got me a snowboard!

(오, 맙소사! 정말 스노보드를 가져다주셨어요!)

get (사람) (명사) = (사람)에게 (명사)를 가져다주다 / 사다 주다

→ My dad got me a bicycle. (우리 아빠가 나에게 자전거를 사다 주셨어.)

→ My secretary got me some water. (내 비서가 내게 물을 좀 가져다줬어.)

1 너희 선생님이 여기 왔다 가셨어. =＿＿＿＿＿＿＿＿＿＿＿＿

2 네가 대학생이라니 믿을 수가 없어. =＿＿＿＿＿＿＿＿＿＿＿＿

3 어서 해. =＿＿＿＿＿＿＿＿＿＿＿＿＿＿＿＿＿＿＿

4 우리 엄마가 나에게 인형을 사다 주셨어. =＿＿＿＿＿＿＿＿＿＿

Your teacher was here. | I can't believe you are a college student. | Go ahead. | My mom got me a doll.

당연히 그걸로 할게요

_식당

STEP 1

A Our all-you-can-eat _____ is only $10. (저희 무제한 특선은 겨우 10달러예요.)

B Really? Is it that _____? (정말요? 그거 그렇게나 저렴해요?)

B I'll _____ go for that. (당연히 그걸로 할게요.)

A There's the _____ bar over there. (저기에 샐러드 바가 있습니다.)

STEP 2

- **special** | 특선
  - → What's today's special? (오늘의 특선은 뭐죠?)
  - → This is the special of the day. (이게 금일의 특선입니다.)

- **cheap** | 저렴한
  - → I bought cheap glasses. (난 저렴한 안경을 샀어.)
  - → This game console is pretty cheap. (이 게임기는 꽤 저렴해.)

- **definitely** | 당연히, 확실히
  - → He is definitely my type. (그는 확실히 내 이상형이야.)
  - → You are definitely wrong. (넌 확실히 틀렸어.)

- **salad** | 샐러드
  - → I made some salad. (샐러드 좀 만들었어.)
  - → I had salad for lunch. (난 점심 식사로 샐러드를 먹었어.)

A Our all-you-can-eat special is only $10.
(저희 무제한 특선은 겨우 10달러예요.)
only (가격) = 겨우 (가격)인
→ It's only $2. (그건 겨우 2달러야.)
→ I spent only $30. (난 겨우 30달러을 썼어.)

B Really? Is it that cheap? (정말요? 그거 그렇게나 저렴해요?)
that (형용사) = 그렇게나 (형용사)한
→ Are you that lazy? (넌 그렇게나 게으르니?)
→ Is she that pretty? (그녀가 그렇게나 예쁘니?)

B I'll definitely go for that. (당연히 그걸로 할게요.)
go for (명사) = (명사)를 선택하다
→ I'll go for this blue one. (난 이 파란색으로 된 걸 선택할래.)
→ Let's go for the new item. (그 신상품으로 하자.)

A There's the salad bar over there. (저기에 샐러드 바가 있습니다.)
There is/are (명사). = (명사)가 있습니다.
→ There is a small problem. (작은 문제가 있습니다.)
→ There are animals in the building. (건물 안에 동물들이 있어요.)

STEP 4

1 그건 겨우 50달러야. =_____
2 그가 그렇게나 로맨틱하니? =_____
3 난 이 검정색으로 된 걸 선택할래. =_____
4 큰 문제가 있습니다. =_____

It's only $50. | Is he that romantic? | I will go for this black one. | There is a big problem.

제 시계를 분실했어요

CHECK | 손영작 ☐ 입영작 ☐ 반복낭독 ☐ 수업 듣기 ☐

STEP 1

A _____'s the Lost and Found? (분실물 센터가 어디에 있나요?)

A I've lost my _____. (제 시계를 분실했어요.)

B Take the _____ and go up to the 10th floor.
(엘리베이터를 타시고 10층으로 올라가세요.)

B You will _____ it on your right. (오른쪽으로 보일 거예요.)

STEP 2

- **where** | 어디에, 어디로, 어디에서

  → Where is your school? (너희 학교는 어디에 있니?)

  → Where are they? (그들은 어디에 있니?)

- **watch** | 손목시계

  → My watch is more expensive than yours. (내 시계는 네 것보다 더 비싸.)

  → I got her a watch. (난 그녀에게 시계를 사줬어.)

- **elevator** | 엘리베이터

  → They are waiting for the elevator. (그들은 그 엘리베이터를 기다리고 있어.)

  → We inspected the elevator. (우린 그 엘리베이터를 점검했어요.)

- **see** | 보이다

  → I see the sign. (그 표지판이 보여.)

  → She saw me in the club. (그녀는 그 클럽 안에서 날 봤어.)

A **Where's the Lost and Found?** (분실물 센터가 어디에 있나요?)

the Lost and Found = 분실물 센터

→ The Lost and Found is on the 2nd floor. (분실물 센터는 2층에 있어요.)

→ I already went to the Lost and Found. (난 이미 분실물 센터에 갔어.)

A **I've lost my watch.** (제 시계를 분실했어요.)

have (p.p.) = (p.p.)한 상태다 / (p.p.)했다

→ I have found my necklace. (난 내 목걸이를 찾은 상태야. / 찾았어.)

→ She has left the airport. (그녀는 그 공항을 떠난 상태야. / 떠났어.)

B **Take the elevator and go up to the 10th floor.**

(엘리베이터를 타시고 10층으로 올라가세요.)

go up/down to (층) = (층)으로 올라가다/내려가다

→ Go up to the 5th floor. = (5층으로 올라가세요.)

→ Go down to the 1st floor. = (1층으로 내려가세요.)

B **You will see it on your right.** (오른쪽으로 보일 거예요.)

on your right = 당신의 오른쪽으로

→ You will see the building on your right. (그 건물이 오른쪽으로 보일 거예요.)

→ You will see the bus stop on your right. (그 버스정류장이 오른쪽으로 보일 거예요.)

1 분실물 센터는 11층에 있어요. =_____

2 우린 한국에 도착한 상태야. =_____

3 8층으로 올라가세요. =_____

4 그 카페가 오른쪽으로 보일 거예요. =_____

You will see the café on your right.
The Lost and Found is on the 11th floor. | We have arrived in Korea. | Go up to the 8th floor.

191

너의 새해 다짐은 뭐니?

_가정

STEP 1

A What's your _____ _____'s resolution? (너의 새해 다짐은 뭐니?)

B I want to _____ at least 10kg. (적어도 10kg을 빼고 싶어.)

A I'm going to _____ English. (난 영어를 마스터할 거야.)

B I can _____ you with that. (내가 그거에 대해 도와줄 수 있지.)

STEP 2

• **New Year** | 새해

→ Happy New Year! (행복한 새해 되세요!)

→ I will see you in the new year! (새해에 봐요!)

• **lose** | 잃다

→ Lose 5kg. (5kg를 빼.)

→ I lost the information. (난 그 정보를 잃어버렸어.)

• **master** | 마스터하다, 완전히 익히다

→ I want to master yoga. (난 요가를 마스터하고 싶어.)

→ She mastered English with Mayu! (그녀는 마유와 영어를 마스터했어!)

• **help** | 도와주다

→ Can you help us tonight? (오늘 밤에 우릴 도와줄 수 있니?)

→ Let's help homeless people. (노숙자들을 돕자.)

A **What's your New Year's resolution?** (너의 새해 다짐은 뭐니?)

What is/are (명사)? = (명사)는 뭐니?

→ What is your goal? (네 목표는 뭐니?)

→ What is the purpose? (목적이 뭐니?)

B **I want to lose at least 10kg.** (적어도 10kg을 빼고 싶어.)

at least = 적어도

→ I need at least 2 hours. (난 적어도 2시간이 필요해.)

→ She lost at least 20kg. (그녀는 적어도 20kg를 뺐어.)

A **I'm going to master English.** (난 영어를 마스터할 거야.)

be going to (동사원형) = (동사원형)할 거야

→ I am going to go to Mini's concert. (난 Mini의 콘서트에 갈 거야.)

→ We are going to watch it again. (우린 그걸 다시 볼 거야.)

B **I can help you with that.** (내가 그거에 대해 도와줄 수 있지.)

help (사람) with (명사) = (사람)을 (명사)에 대해 도와주다

→ Help me with this box. (날 이 상자에 대해 도와줘.)

→ I helped Lily with her Korean. (난 Lily를 그녀의 한국어에 대해 도와줬어.)

DAY 91

나의 새해 다짐은 뭐니?

STEP 4

1 네 꿈은 뭐니? =_____

2 난 적어도 100달러가 필요해. =_____

3 난 독일에서 공부할 거야. =_____

4 날 이 치킨에 대해 도와줘. =_____

What is your dream? | I need at least $100. | I am going to study in Germany. | Help me with this chicken.

모든 시청자 분들께 감사드리고 싶어요
_일상·연말스페셜

STEP 1

A We would like to thank all of our _____.
(모든 시청자 분들께 감사드리고 싶어요.)

B It's been a _____ year with you all. (여러분 모두와 사랑스러운 한 해였어요.)

A Happy New Year, _____! (모두 행복한 새해 되세요!)

B I _____ forgot. Stay tuned! (잊을 뻔했네요. 채널 고정!)

STEP 2

• **viewer** | 시청자
→ 왕초보영어 has many viewers. (왕초보영어는 시청자가 많아.)
→ They thanked their viewers. (그들은 그들의 시청자들에게 감사했어.)

• **lovely** | 사랑스러운
→ It's a lovely day. (사랑스러운 날이에요.)
→ He has a lovely girlfriend. (그는 사랑스러운 여자 친구가 있어.)

• **everyone** | 모두
→ Everyone was surprised. (모두가 놀랐어.)
→ Do you know everyone here? (넌 여기 모두를 아니?)

• **almost** | 거의
→ I am almost finished. (난 거의 끝났어.)
→ It's almost 2020. (거의 2020년이야.)

A **We would like to thank all of our viewers.**

(모든 시청자 분들께 감사드리고 싶어요.)

thank (사람) = (사람)에게 감사하다

→ I thank my fans. (전 저의 팬들에게 감사해요.)

→ She thanked her friends. (그녀는 그녀의 친구들에게 감사했어.)

B **It's been a lovely year with you all.** (여러분 모두와 사랑스러운 한 해였어요.)

It's been (명사). = (명사)여왔어. / (명사)였어.

→ It's been a tough year. (어려운 한 해였어.)

→ It's been a great month. (멋진 한 달이었어.)

A **Happy New Year, everyone!** (모두 행복한 새해 되세요!)

Happy New Year. = 행복한 새해 되세요.

→ Happy New Year, my friends. (행복한 새해 되렴, 내 친구들아.)

→ Happy New Year, Mom! (행복한 새해 되세요, 엄마!)

B **I almost forgot. Stay tuned!** (잊을 뻔했네요. 채널 고정!)

almost (과거동사) = (과거동사)할 뻔했다

→ I almost forgot about it. (난 그걸 잊을 뻔했어.)

→ She almost dropped her phone. (그녀는 그녀의 전화기를 떨어뜨릴 뻔했어.)

DAY 92

모든 시청자 분들께 감사드리고 싶어요

STEP 4

1 넌 너희 부모님께 감사했니? =_____

2 재미있는 한 주였어. =_____

3 행복한 새해 되세요! =_____

4 우린 그 버스를 놓칠 뻔했어. =_____

Did you thank your parents? | It's been a fun week. | Happy New Year! | We almost missed the bus.

마유텔레콤으로 바꾸고 싶어요

쇼핑

STEP 1

A I have an _____ in the jPhone. (jPhone에 관심이 있는데요.)

B Are you _____ using our service? (현재 저희 서비스를 쓰고 계신가요?)

A No. But I want to _____ to Mayu Telecom.
(아뇨. 하지만 마유텔레콤으로 바꾸고 싶어요.)

B You've made a good _____. (좋은 결정하신 거예요.)

STEP 2

- **interest** | 관심
  - → I have an interest in it. (전 그것에 관심이 있어요.)
  - → Do you have an interest in our service? (저희 서비스에 관심이 있나요?)

- **currently** | 현재
  - → Our store is currently closed. (저희 가게는 현재 닫혀 있어요.)
  - → Our service is currently not available. (저희 서비스는 현재 사용할 수 없습니다.)

- **switch** | 바꾸다, 전환하다
  - → They switched to a new system. (그들은 새로운 시스템으로 바꿨다.)
  - → Jack switched to a new plan. (Jack은 새로운 플랜으로 바꿨어.)

- **decision** | 결정
  - → That was a wise decision. (그건 현명한 결정이었어.)
  - → The decision is yours. (결정은 네 몫이야.)

A **I have an interest in the jPhone.** (jPhone에 관심이 있는데요.)

have an interest in (명사) = (명사)에 관심이 있다

→ I have an interest in your service. (당신의 서비스에 관심이 있습니다.)

→ She has an interest in our products. (그녀는 우리 제품에 관심이 있어.)

B **Are you currently using our service?** (현재 저희 서비스를 쓰고 계신가요?)

be (~ing) = (~ing)하고 있다

→ Are you washing your car? (너 세차하고 있니?)

→ Are you writing your essay? (너 에세이 쓰고 있니?)

A **No. But I want to switch to Mayu Telecom.**

(아뇨. 하지만 마유텔레콤으로 바꾸고 싶어요.)

want to (동사원형) = (동사원형)하고 싶다

→ I want to move to San Diego. (난 San Diego로 이사하고 싶어.)

→ Mary wants to stay in Korea. (Mary는 한국에 머물고 싶어 해.)

B **You've made a good decision.** (좋은 결정하신 거예요.)

make a decision = 결정하다

→ You have to make a decision. (넌 결정해야 해.)

→ I can't make a decision. (난 결정을 못 내리겠어.)

DAY 93

마유텔레콤으로 바꾸고 싶어요

1 넌 이 자동차에 관심이 있니? =_____

2 우린 서로를 돕고 있어. =_____

3 난 여기에 머물고 싶어. =_____

4 결정하자. =_____

Do you have an interest in this car? | We are helping each other. | I want to stay here. | Let's make a decision.

구미 당기게 들리는데요! _식당

STEP 1

A Do you want to join our membership _____?
(저희 회원 프로그램에 가입하고 싶으세요?)

B What are the _____? (혜택들이 뭔데요?)

A You will receive free _____ tickets. (무료 영화표를 받으실 거예요.)

B Ooh! That sounds _____! (오! 구미 당기게 들리는데요!)

STEP 2

- **program** | 프로그램
  - → 왕초보영어 is a well-made program. (왕초보영어는 잘 만들어진 프로그램이야.)
  - → Let's try their diet program. (그들의 다이어트 프로그램을 시도해보자.)

- **benefit** | 혜택
  - → Our program has a lot of benefits. (저희 프로그램은 혜택이 많아요.)
  - → This is one of our benefits. (이건 저희 혜택 중 하나예요.)

- **movie** | 영화
  - → Who is in the movie? (그 영화에 누가 나와?)
  - → I love watching movies. (난 영화 보는 걸 좋아해.)

- **tempting** | 구미가 당기는
  - → Their offer was tempting. (그들의 제안은 구미가 당겼어.)
  - → The cake looks very tempting. (그 케이크는 구미가 당기게 생겼어.)

A Do you want to join our membership program?
(저희 회원 프로그램에 가입하고 싶으세요?)
join (명사) = (명사)에 가입하다

→ Why don't you join our membership program?
(저희 회원 프로그램에 가입하는 게 어때요?)

→ My aunt joined the program. (우리 이모는 그 프로그램에 가입했어.)

B What are the benefits? (혜택들이 뭔데요?)
What are (복수명사)? = (복수명사)들은 뭔가요?

→ What are the advantages? (장점들은 뭐죠?)

→ What are the disadvantages? (단점들은 뭐죠?)

A You will receive free movie tickets. (무료 영화표를 받으실 거예요.)
will (동사원형) = (동사원형)할 것이다

→ The CEO will join us. (CEO가 우리와 합류할 것입니다.)

→ They will say yes. (그들은 yes라고 할 겁니다.)

B Ooh! That sounds tempting! (오! 구미 당기게 들리는데요!)
sound (형용사) = (형용사)하게 들린다 / 할 것 같다

→ Your offer sounds fair. (당신의 제안은 공평하게 들리는군요.)

→ It sounds complicated. (복잡하게 들리네요. / 복잡할 것 같네요.)

DAY 94

구미 당기게 들리는데요!

1 넌 그들의 프로그램에 가입했니? =_____

2 이 동그라미들은 뭐죠? =_____

3 그녀는 yes라고 할 겁니다. =_____

4 그건 쉽게 들리는군요. =_____

Did you join their program? | What are these circles? | She will say yes. | It sounds easy.

CHECK | 손영작 ☐ 입영작 ☐ 반복낭독 ☐ 수업 듣기 ☐

STEP 1

A Can I _____ my plane ticket? (제 비행기표를 취소해도 되나요?)

A My _____ has changed. (제 스케줄이 바뀌어서요.)

B You will only get a 70% _____. (70% 환불만 받으실 거예요.)

B Plus, you have to pay a cancellation _____.
(게다가, 취소 수수료를 내셔야 합니다.)

STEP 2

- **cancel** | 취소하다
  - → They cancelled the appointment. (그들은 그 예약을 취소했어.)
  - → Why did you cancel the meeting? (넌 왜 그 미팅을 취소했니?)

- **schedule** | 스케줄
  - → Peter has a busy schedule. (Peter는 바쁜 스케줄을 가지고 있어.)
  - → This is a temporary schedule. (이건 임시 스케줄이에요.)

- **refund** | 환불
  - → I want a refund. (전 환불을 원해요.)
  - → They gave me a refund. (그들은 내게 환불해줬어.)

- **fee** | 수수료
  - → There's no fee. (수수료는 없습니다.)
  - → How much is the fee? (수수료가 얼마죠?)

A Can I cancel my plane ticket? (제 비행기표를 취소해도 되나요?)

  Can I (동사원형)? = (동사원형)해도 되나요?

→ Can I come back later? (저 나중에 다시 와도 되나요?)

→ Can I cancel my reservation? (제 예약을 취소해도 되나요?)

A My schedule has changed. (제 스케줄이 바뀌어서요.)

  have (p.p.) = (p.p.)한 상태다/했다

→ Everything has changed. (모든 게 바뀌었다.)

→ I have received your mail. (당신의 우편을 받았어요.)

B You will only get a 70% refund. (70% 환불만 받으실 거예요.)

  get a (환불되는 양) refund = (환불되는 양)의 환불을 받다

→ I got a 50% refund. (난 50% 환불 받았어.)

→ She got a 100% refund. (그녀는 100% 환불 받았어.)

B Plus, you have to pay a cancellation fee.

  (게다가, 취소 수수료를 내셔야 합니다.)

  Plus, = 게다가,

→ Plus, you will receive free concert tickets.

  (게다가, 무료 콘서트 티켓을 받으실 거예요.)

→ Plus, it's free! (게다가, 그건 무료야!)

1 제가 여기에 앉아도 되나요? =＿＿＿＿＿＿＿＿＿＿＿＿＿＿＿

2 전 당신의 컴퓨터를 고친 상태예요. =＿＿＿＿＿＿＿＿＿＿＿＿

3 우린 90% 환불을 받았어. =＿＿＿＿＿＿＿＿＿＿＿＿＿＿＿＿

4 게다가, 모든 게 무료야. =＿＿＿＿＿＿＿＿＿＿＿＿＿＿＿＿＿

Can I sit here? | I have fixed your computer. | We got a 90% refund. | Plus, everything is free.

STEP 1

A Thank you for coming to our _____ party!
(저희 집들이 파티에 와주서서 고마워요!)

B What a lovely _____! (엄청 사랑스러운 곳이네요!)

B This is a gift from my _____. (이건 제 아내가 주는 선물이에요.)

A Oh! _____ shouldn't have! (오! 안 그러서도 됐는데!)

STEP 2

- **housewarming** | 집들이
  - → Their housewarming party was awesome! (그들의 집들이 파티는 멋졌어!)
  - → Can you come to my housewarming party? (우리 집들이 파티에 올 수 있니?)

- **place** | 장소, 사는 곳
  - → Come to my place. (내가 사는 곳으로 와.)
  - → Where's your place? (너 사는 데가 어디에 있어?)

- **wife** | 아내
  - → Who is your wife? (네 아내가 누구야?)
  - → His wife is so kind. (그의 아내는 엄청 친절해.)

- **she** | 그녀(주어)
  - → Where is she? (그녀는 어디에 있지?)
  - → She is a warm person. (그녀는 따뜻한 사람이야.)

A **Thank you for coming to our housewarming party!**

(저희 집들이 파티에 와주셔서 고마워요!)

Thank you for (~ing). = (~ing)해준 것에 대해 고마워요. / 해줘서 고마워요.

→ Thank you for visiting us. (우릴 방문해줘서 고마워.)

→ Thank you for helping my grandma. (우리 할머니를 도와주셔서 고마워요.)

B **What a lovely place!** (엄청 사랑스러운 곳이네요!)

What (명사)! = 엄청난 (명사)다!

→ What a day! (엄청난 날이군!)

→ What a cozy house! (엄청 아늑한 집이다!)

B **This is a gift from my wife.** (이건 제 아내가 주는 선물이에요.)

(명사) from (사람) = (사람)이 주는 (명사)

→ This is a gift from my boss. (이건 우리 상사가 주는 선물이에요.)

→ These are flowers from my fans. (이건 내 팬들이 준 꽃들이야.)

A **Oh! She shouldn't have!** (오! 안 그러셔도 됐는데!)

(주어) shouldn't have! = (주어)는 안 그래도 됐는데!

→ You shouldn't have! (당신은) 안 그러셔도 됐는데!)

→ Oh, they shouldn't have! (오, (그들은) 안 그래도 됐는데!)

DAY 96

오! 안 그러셔도 됐는데!

1 날 초대해줘서 고마워. =_____

2 엄청 귀여운 드레스다! =_____

3 이건 제 아들이 준 편지예요. =_____

4 (그는) 안 그래도 됐는데! =_____

Thank you for inviting me. | What a cute dress! | This is a letter from my son. | He shouldn't have!

와, 새집 같네요!

_일상

STEP 1

A The _____ renovated everything. (주인이 모든 걸 보수했어요.)

B Wow, it looks like a _____ house! (와, 새집 같네요!)

B Is this house close to the _____ station? (이 집은 지하철역으로도 가깝나요?)

A Yes, it's within walking _____. (네, 도보 거리 내에 있어요.)

STEP 2

- **owner** | 주인
  - → Who is the owner? (주인이 누구죠?)
  - → The owner is very mean. (그 주인은 엄청 못됐어.)

- **new** | 새것인, 새로운
  - → This is a new helmet. (이건 새 헬멧이야.)
  - → Are these new? (이것들은 새것인가요?)

- **subway** | 지하철
  - → I took the subway. (난 지하철을 이용했어.)
  - → Where's the subway station? (지하철역이 어디예요?)

- **distance** | 거리
  - → That's a short distance. (그건 짧은 거리야.)
  - → That's a long distance relationship. (그건 장거리 연애야.)

A **The owner renovated everything.** (주인이 모든 걸 보수했어요.)

(과거동사) = (과거동사)했다

→ We renovated our store. (저희는 저희 가게를 보수했어요.)

→ She revealed the truth. (그녀는 진실을 밝혔어.)

B **Wow, it looks like a new house!** (와, 새집 같네요!)

look like (명사) = (명사)같이 생긴 / (명사)처럼 보이는

→ You look like my sister. (넌 우리 누나처럼 생겼어.)

→ His house looks like a castle. (그의 집은 성 같아 보여.)

B **Is this house close to the subway station?** (이 집은 지하철역으로도 가깝나요?)

close to (명사) = (명사)에 가까운

→ New Jersey is close to New York. (New Jersey는 New York에 가까워.)

→ Is your house close to the city? (너희 집은 그 도시에 가깝니?)

A **Yes, it's within walking distance.** (네, 도보 거리 내에 있어요.)

within walking distance = 도보 거리 내에 있는

→ It's not within walking distance. (그건 도보 거리 내에 있지 않아.)

→ The supermarket is within walking distance. (그 슈퍼마켓은 도보 거리 내에 있어.)

DAY 97

와, 새집 같네요!

1 그들은 그들의 아파트를 보수했어. =＿＿＿＿＿＿＿＿＿＿＿

2 그는 모델 같아 보여. =＿＿＿＿＿＿＿＿＿＿＿

3 내 사무실은 그 도시에 가까워. =＿＿＿＿＿＿＿＿＿＿＿

4 그 주유소는 도보 거리 내에 있어. =＿＿＿＿＿＿＿＿＿＿＿

They renovated their apartment. | He looks like a model. | My office is close to the city. | The gas station is within walking distance.

소파를 샀는데 너무 무거워서요

쇼핑

CHECK | 손영작 ☐ 입영작 ☐ 반복낭독 ☐ 수업 듣기 ☐

STEP 1

A Do you deliver to the Chicago _____? (Chicago 지역으로 배달하시나요?)

A I bought a sofa and it's too _____. (소파를 샀는데 너무 무거워서요.)

B Yes. We _____ $20 per item. (네. 각 물건당 20달러를 청구합니다.)

B But if you _____ $500, delivery is free.
(하지만 500달러를 쓰시면, 배달은 무료입니다.)

STEP 2

• **area** | 지역

→ It's in the Seoul area. (그건 서울 지역 안에 있어.)

→ Is your office in this area? (당신의 사무실이 이 지역 안에 있나요?)

• **heavy** | 무거운

→ This flowerpot is heavy. (이 화분은 무거워.)

→ I don't want a heavy computer. (난 무거운 컴퓨터를 원치 않아.)

• **charge** | 청구하다

→ They charged me a fee. (그들은 내게 수수료를 청구했어.)

→ How much did you charge him? (넌 그에게 얼마를 청구했니?)

• **spend** | 쓰다

→ I spent $100 on it. (난 그것에 100달러를 썼어.)

→ Don't spend too much time on it. (그것에 너무 많은 시간을 쓰지는 마.)

A Do you deliver to the Chicago area? (Chicago 지역으로 배달하시나요?)

Do you (동사원형)? = (동사원형)하나요?

→ Do you eat cilantro? (넌 고수를 먹니?)

→ Do you sell mascara? (마스카라를 파나요?)

A I bought a sofa and it's too heavy. (소파를 샀는데 너무 무거워서요.)

and = 그리고

→ I bought boots and they were expensive. (부츠를 샀는데 비쌌어.)

→ She studied hard and got an A. (그녀는 열심히 공부했고 A를 받았어.)

B Yes. We charge $20 per item. (네. 각 물건당 20달러를 청구합니다.)

per (명사) = (명사) 하나당

→ It's $50 per person. (1인당 50달러입니다.)

→ They charged $20 per night. (그들은 하룻밤에 20달러를 청구했어.)

B But if you spend $500, delivery is free.

(하지만 500달러를 쓰시면, 배달은 무료입니다.)

if (평서문) = (평서문)이면

→ If you like this design, say yes. (이 디자인이 마음에 들면 yes라고 해.)

→ If they call you, don't answer the phone. (그들이 네게 전화하면 받지 마.)

DAY 98

소파를 샀는데 너무 무거워서요

1 당신은 홍콩에 사나요? = _____

2 난 다이아몬드반지를 샀고 그건 1,000달러였어. = _____

3 그건 한 가구당 50달러입니다. = _____

4 네가 배가 고프면 이 샌드위치를 먹어. = _____

If you are hungry, eat this sandwich.

Do you live in Hong Kong? | I bought a diamond ring and it was $1,000. | It's $50 per family. |

STEP 1

A Everybody, raise your _____. (모두 잔을 드세요.)

B Let's _____ for their ever-lasting love! (그들의 영원한 사랑을 위해 건배합시다!)

A Here's to Chris _____ Jane! (Chris와 Jane을 위하여!)

B _____! We're happy for you guys! (건배! 너무 잘됐어요!)

STEP 2

• **glass** | 유리잔, 유리
  → We need two more glasses. (저희는 유리잔 두 개가 더 필요해요.)
  → I need a wine glass. (난 와인 잔이 필요해.)

• **toast** | 건배하다
  → They toasted for their success. (그들은 그들의 성공을 위해 건배했어.)
  → Let's toast, you guys! (얘들아, 건배하자!)

• **and** | 그리고, ~와
  → This gift is for you and your wife. (이 선물은 너와 네 아내를 위한 거야.)
  → I love him and he loves me. (난 그를 사랑하고 그는 날 사랑해.)

• **cheers** | 건배
  → Cheers, my buddies! (내 친구들이여, 건배!)
  → Cheers! / Cheers! (건배! / 건배!)

A **Everybody, raise your glass.** (모두 잔을 드세요.)

(동사원형). = (동사원형)해.

→ Raise your hand. (손을 들어.)

→ Raise both arms. (두 팔을 들어.)

B **Let's toast for their ever-lasting love!** (그들의 영원한 사랑을 위해 건배합시다!)

toast for (명사) = (명사)를 위해 건배하다

→ Let's toast for health. (건강을 위해 건배하자.)

→ They toasted for friendship. (그들은 우정을 위해 건배했어.)

A **Here's to Chris and Jane!** (Chris와 Jane을 위하여!)

Here's to (명사) = (명사)를 위하여!

→ Here's to our happiness! (우리의 행복을 위하여!)

→ Here's to Peter and Ellie! (Peter와 Ellie를 위하여!)

B **Cheers! We're happy for you guys!** (건배! 너무 잘됐어요!)

happy for (명사) = (명사)에게 잘된

→ I'm happy for you. ((너에게) 잘됐다.)

→ We are happy for them. ((그들에게) 잘됐다.)

DAY 99

건배!

1 네 오른쪽 다리를 들어. =＿＿＿＿＿＿＿＿＿＿＿＿＿＿＿＿＿

2 사랑을 위해 건배하자. =＿＿＿＿＿＿＿＿＿＿＿＿＿＿＿＿＿

3 우리의 성공을 위하여! =＿＿＿＿＿＿＿＿＿＿＿＿＿＿＿＿＿

4 (그녀에게) 잘됐네. =＿＿＿＿＿＿＿＿＿＿＿＿＿＿＿＿＿

Raise your right leg. | Let's toast for love. | Here's to our success! | I'm happy for her.

냉장고에서 맥주랑 탄산음료를 봤는데요

여행

CHECK | 손영작 ☐ 입영작 ☐ 반복낭독 ☐ 수업 듣기 ☐

STEP 1

A I saw beers and sodas in the _____. (냉장고에서 맥주랑 탄산음료를 봤는데요.)

A Can I _____ those? (그것들 마셔도 되나요?)

B Each bottled _____ is $5. (각각의 병 음료는 5달러입니다.)

B The bottled _____ is free though. (그래도 병에 담긴 물은 무료예요.)

STEP 2

- **fridge** | 냉장고
  - → What's in the fridge? (냉장고 안에 뭐가 있어?)
  - → This fridge is not working. (이 냉장고는 작동 안 하고 있어.)

- **drink** | 마시다
  - → Let's start drinking. (마시기 시작하자.)
  - → I drank a lot of water. (난 많은 물을 마셨어.)

- **drink** | 음료
  - → Don't drink carbonated drinks. (탄산음료를 마시지 마.)
  - → I don't drink alcoholic drinks. (난 알코올음료를 안 마셔.)

- **water** | 물
  - → The water is leaking. (그 물이 새고 있어.)
  - → This is clean water. (이건 깨끗한 물이에요.)

A **I saw beers and sodas in the fridge.** (냉장고에서 맥주랑 탄산음료를 봤는데요.)

I saw (명사). = (명사)가 보였어.

→ I saw birds. (새들이 보였어.)

→ We saw whales. (고래들이 보였어.)

A **Can I drink those?** (그것들 마셔도 되나요?)

those = 그것들

→ I hate those. (난 그것들이 싫어.)

→ Those are not mine. (그것들은 내 것이 아니야.)

B **Each bottled drink is $5.** (각각의 병 음료는 5달러입니다.)

each (명사) = 각각의 (명사)

→ Each box is $1. (각각의 상자는 1달러입니다.)

→ Each person is different. (각각의 사람은 달라.)

B **The bottled water is free though.** (그래도 병에 담긴 물은 무료예요.)

(평서문) though. = 그래도 (평서문)이야.

→ I like you though. (난 그래도 네가 좋아.)

→ That's not fair though. (그래도 그건 공평하지 않은데요.)

DAY 100

냉장고에서 맥주랑 탄산음료를 봤는데요

---

1 우린 UFO가 보였어. =＿＿＿＿＿＿＿＿＿＿＿＿＿＿＿

2 그것들은 마유의 것이야. =＿＿＿＿＿＿＿＿＿＿＿＿＿＿

3 각각의 잔은 2.50달러입니다. =＿＿＿＿＿＿＿＿＿＿＿＿

4 그래도 당신은 여전히 젊어요. =＿＿＿＿＿＿＿＿＿＿＿＿

We saw a UFO. | Those are Mayu's. | Each glass is $2.50. | You are still young though.

211

프레젠테이션 준비됐니?

기정

STEP 1

A Are you ready for your _____? (프레젠테이션 준비됐니?)

B My _____ are sweating. (손에 땀이 나고 있어요.)

B What if I mess it up, _____? (그걸 망치면 어떡하죠, 엄마?)

A Who cares? Just do your _____. (무슨 상관이니? 그냥 최선을 다해.)

STEP 2

• **presentation** | 프레젠테이션

→ I have a presentation tomorrow. (나 내일 프레젠테이션 있어.)

→ Your presentation was impressive. (당신의 프레젠테이션은 인상적이었어요.)

• **hand** | 손

→ Did you wash your hands? (손 씻었니?)

→ Wash your hands first. (손부터 씻어.)

• **mom** | 엄마

→ I'm here, Mom! (엄마, 저 왔어요!)

→ My mom speaks English. (우리 엄마는 영어를 하셔.)

• **best** | 최선

→ Is that your best? (그게 네 최선이니?)

→ I did my best. (난 내 최선을 다 했어.)

A **Are you ready for your presentation?** (프레젠테이션 준비됐니?)

　　be ready for (명사) = (명사)에 대해 준비가 되어 있다

→ I am ready for the interview. (전 그 면접에 대한 준비가 되어 있어요.)

→ You are not ready for the exam. (넌 그 시험에 대한 준비가 안 되어 있어.)

B **My hands are sweating.** (손에 땀이 나고 있어요.)

　　be (~ing) = (~ing)하고 있다

→ I am sweating. (난 땀을 흘리고 있어.)

→ My dog is barking. (내 개가 짖고 있어.)

B **What if I mess it up, Mom?** (그걸 망치면 어떡하죠, 엄마?)

　　mess up = 망치다

→ I messed it up. (내가 그걸 망쳤어.)

→ Don't mess it up again. (그걸 또 망치지는 마.)

A **Who cares? Just do your best.** (무슨 상관이니? 그냥 최선을 다해.)

　　Who (동사)? = 누가 (동사)하니?

→ Who loves you? (누가 널 사랑하니?)

→ Who did this? (누가 이걸 했니?)

1 넌 이것에 대한 준비가 되어 있니? =＿＿＿＿＿＿＿＿＿＿＿＿＿

2 내 친구들이 웃고 있어. =＿＿＿＿＿＿＿＿＿＿＿＿＿

3 난 그걸 또 망쳤어. =＿＿＿＿＿＿＿＿＿＿＿＿＿

4 누가 이걸 만들었지? =＿＿＿＿＿＿＿＿＿＿＿＿＿

Are you ready for this? | My friends are laughing. | I messed it up again. | Who made this?

CHECK | 손영작 ☐ 입영작 ☐ 반복낭독 ☐ 수업 듣기 ☐

STEP 1

A Are you OK? You look _____. (너 괜찮니? 창백해 보인다.)

B _____, I'm not feeling well. (사실, 몸이 좀 안 좋아.)

B I feel dizzy and I'm _____. (어지럽고 울렁거려.)

A You should go see a _____. (가서 의사를 보는 게 좋겠다.)

STEP 2

• **pale** | 창백한
  → Her face is pale. (그녀의 얼굴이 창백해.)
  → Your daughter looked pale. (네 딸은 창백해 보였어.)

• **actually** | 사실상
  → Actually, I'm not that hungry. (사실, 난 그렇게 배 안 고파.)
  → Actually, Mini is an actress. (사실, Mini는 배우야.)

• **nauseous** | 울렁거리는, 메스꺼운
  → Are you nauseous? (너 울렁거리니?)
  → I am not nauseous anymore. (나 더 이상 메스껍지 않아.)

• **doctor** | 의사
  → I have a doctor friend. (난 의사 친구가 있어.)
  → Sue married a doctor. (Sue는 의사랑 결혼했어.)

A Are you OK? You look pale. (너 괜찮니? 창백해 보인다.)

look (형용사) = (형용사)해 보이다

→ Emily looks depressed. (Emily는 우울해 보여.)

→ Do I look cute? (나 귀여워 보이니?)

B Actually, I'm not feeling well. (사실, 몸이 좀 안 좋아.)

not feeling well = 몸이 안 좋은

→ Kelly is not feeling well. (Kelly는 몸이 안 좋아.)

→ I think Yessica is not feeling well. (Yessica가 몸이 안 좋은 거 같아.)

B I feel dizzy and I'm nauseous. (어지럽고 울렁거려.)

feel (형용사) = (형용사)한 기분이야

→ I feel lonely. (난 외로운 기분이야.)

→ She feels sad. (그녀는 슬픈 기분이야.)

A You should go see a doctor. (가서 의사를 보는 게 좋겠다.)

should (동사원형) = (동사원형)하는 게 좋겠다 / 해야겠다

→ I should study harder. (난 더 열심히 공부하는 게 좋겠어.)

→ We should leave now. (우린 지금 떠나는 게 좋겠어.)

1 너희 형은 행복해 보여. =_____

2 난 오늘 몸이 안 좋아. =_____

3 넌 외로운 기분이니? =_____

4 우린 더 빨리 달리는 게 좋겠어. =_____

Your brother looks happy. | I'm not feeling well today. | Do you feel lonely? | We should run faster.

STEP 1

A I don't _____ what to get. (뭘 살지 모르겠어요.)

B What's the _____? (어떤 행사인가요?)

A Actually, I'm visiting someone in the _____. (사실, 누구 병문안을 가요.)

B In that case, I recommend these _____. (그런 경우라면, 이 장미들을 추천해요.)

STEP 2

• **know** | 알고 있다

→ Do you know me? (절 아세요?)

→ I don't know his last name. (난 그의 성을 몰라.)

• **occasion** | 특별한 행사, 일

→ We have a special occasion. (저희는 특별한 행사가 있어요.)

→ That's a rare occasion. (그건 흔치 않은 일이야.)

• **hospital** | 병원

→ My mom works in a hospital. (우리 엄마는 병원에서 일하세요.)

→ This is a general hospital. (이건 종합병원이에요.)

• **rose** | 장미

→ I bought a dozen of roses. (난 장미 12송이를 샀어.)

→ Roses are red. (장미는 빨간색이야.)

A I don't know what to get. (뭘 살지 모르겠어요.)

what to (동사원형) = 뭘 (동사원형)할지

→ I know what to get. (난 뭘 살지 알아.)

→ I don't know what to do. (난 뭘 할지 모르겠어.)

B What's the occasion? (어떤 행사인가요?)

What is/are (명사)? = (명사)는 뭔가요?

→ What is this sign? (이 신호는 뭔가요?)

→ What are these stripes? (이 줄무늬들은 뭔가요?)

A Actually, I'm visiting someone in the hospital. (사실, 누구 병문안을 가요.)

visit (사람) in the hospital = (사람) 병문안을 가다

→ I visited my grandfather in the hospital. (난 우리 할아버지 병문안을 갔어.)

→ Let's visit our boss in the hospital. (우리 상사 병문안을 가자.)

B In that case, I recommend these roses. (그런 경우라면, 이 장미들을 추천해요.)

recommend (명사) = (명사)를 추천하다

→ I recommend this movie. (전 이 영화를 추천해요.)

→ What do you recommend? (뭘 추천하시나요?)

DAY 103

누구 병문안을 가요

1 난 뭘 먹을지 모르겠어. =_____

2 이 점은 뭔가요? =_____

3 난 내 학생 병문안을 갔어. =_____

4 전 이 앨범을 추천해요. =_____

I don't know what to eat. | What is this dot? | I visited my student in the hospital. | I recommend this album.

너 전에 닭발 먹어본 적 있어?

_식당

STEP 1

A Have you tried chicken _____ before? (너 전에 닭발 먹어본 적 있어?)

B No, I can't eat _____ food. (아니, 나 매운 음식 못 먹어.)

A _____ me. It's not that spicy. (날 믿어. 그거 그렇게 안 매워.)

B No, I don't _____ it. (아니, 나 안 믿어.)

STEP 2

• **feet** | 발(복수)

→ I have small feet. (난 발이 작아.)

→ My feet are dry. (내 발은 건조해.)

• **spicy** | 매운, 양념 맛이 강한

→ I hate spicy food. (난 매운 음식을 싫어해.)

→ I can cook some spicy soup. (난 매운 수프를 좀 요리할 수 있어.)

• **trust** | 신뢰하다, 믿다

→ I trust you. (난 널 믿어.)

→ Why don't you trust me? (넌 왜 날 안 믿니?)

• **buy** | 믿어주다

→ I don't buy your excuse. (난 너의 변명을 안 믿어.)

→ Did they buy it? (그들이 그걸 믿어줬어?)

A **Have you tried chicken feet before?** (너 전에 닭발 먹어본 적 있어?)

Have you (p.p.)? = 넌 (p.p.)해본 적 있니?

→ Have you visited China? (넌 중국을 방문한 적 있니?)

→ Have you watched 왕초보영어? (넌 왕초보영어를 시청한 적 있니?)

B **No, I can't eat spicy food.** (아니, 나 매운 음식 못 먹어.)

can't (동사원형) = (동사원형)할 수 없다

→ I can't eat cucumbers. (난 오이를 못 먹어.)

→ We can't spend too much money. (우린 너무 많은 돈은 못 써.)

A **Trust me. It's not that spicy.** (날 믿어. 그거 그렇게 안 매워.)

not that (형용사) = 그렇게 (형용사)하진 않은

→ I'm not that stupid. (난 그렇게 멍청하지는 않아.)

→ Holly is not that mad. (Holly는 그렇게 화나진 않았어.)

B **No, I don't buy it.** (아니, 나 안 믿어.)

don't (동사원형) = (동사원형)하지 않는다

→ I don't believe in aliens. (난 외계인의 존재를 안 믿어.)

→ My nephew doesn't speak Korean. (내 조카는 한국어를 못 해.)

DAY 104

너 전에 닭발 먹어본 적 있어?

1 넌 이 책을 읽어본 적 있니? =_____

2 난 그녀의 이름을 잊을 수가 없어. =_____

3 우린 그렇게 바쁘지는 않아. =_____

4 난 거짓말을 하지 않아. =_____

Have you read this book? | I can't forget her name. | We are not that busy. | I don't lie.

손을 움직일 수가 없어요 _여행

STEP 1

A Are you _____? (다치셨나요?)

B I think I broke my _____! (팔목이 부러진 것 같아요.)

B I can't _____ my hand. (손을 움직일 수가 없어요.)

A Hang on. Let me _____ 911. (견디세요. 911을 부를게요.)

STEP 2

• **hurt** | 다친

→ Your dog is not hurt. (너의 개는 안 다쳤어.)

→ Is she hurt? (그녀가 다쳤나요?)

• **wrist** | 팔목

→ Let me see her wrist. (그녀의 팔목 좀 볼게.)

→ Show me your wrist. (네 팔목 좀 보여줘.)

• **move** | 움직이다

→ I can't move my neck. (목을 못 움직이겠어.)

→ Move your body. (몸을 움직여.)

• **call** | ~를 부르다

→ Call someone. (누군가를 불러.)

→ I called the police. (난 경찰을 불렀어.)

A Are you hurt? (다치셨나요?)

Are you (형용사)? = 넌 (형용사)하니?

→ Are you upset? (너 화났니?)

→ Are you frustrated? (너 낙심했니?)

B I think I broke my wrist! (팔목이 부러진 것 같아요.)

break one's (명사) = (명사)가 부러지다

→ I broke my leg. (제 다리가 부러졌어요.)

→ She broke her rib. (그녀는 갈비뼈가 부러졌어.)

B I can't move my hand. (손을 움직일 수가 없어요.)

can't (동사원형) = (동사원형)할 수 없다

→ I can't open my eyes. (눈을 뜰 수가 없어.)

→ He can't move his fingers. (그는 손가락을 움직일 수가 없어.)

A Hang on. Let me call 911. (견디세요. 911을 부를게요.)

hang on = 견디다/참다/기다리다

→ Hang on. I'll be right back. (기다려. 바로 돌아올게.)

→ Hang on. They will be here. (견뎌. 그들이 여기에 올 거야.)

1 너 질투나니? =_____

2 제 팔이 부러졌어요. =_____

3 난 눈을 감을 수가 없어. =_____

4 견뎌! =_____

Are you jealous? | I broke my arm. | I can't close my eyes. | Hang on!

221

저 편두통이 있어요

_가정

STEP 1

A Aw…I _____ a migraine. (아우…저 편두통이 있어요.)

B Oh, no. Lie down here and _____. (오, 이런. 여기 누워서 좀 쉬렴.)

B Did you take any _____? (알약이라도 먹었니?)

A I did but they are not _____. (먹었는데 효과가 없어요.)

STEP 2

• **have** | 가지고 있다

→ I have a headache. (두통이 있어요.)

→ She has a stomachache. (그녀는 복통이 있어.)

• **relax** | 느긋이 쉬다, 진정하다

→ Relax. Everything will be okay. (진정해. 다 괜찮을 거야.)

→ I relaxed for a minute. (난 잠시 쉬었어.)

• **pill** | 알약

→ I took the pills. (난 그 알약을 복용했어.)

→ Let me give you some pills. (알약을 좀 드릴게요.)

• **work** | 효과가 있다, 작동하다

→ Is it working? (그게 효과가 있니?)

→ His plan didn't work. (그의 계획은 효과가 없었어.)

A Aw···I have a migraine. (아우···저 편두통이 있어요.)

have a migraine = 편두통이 있다

→ Do you have a migraine? (편두통이 있나요?)

→ I had a migraine yesterday. (나 어제 편두통이 있었어.)

B Oh, no. Lie down here and relax. (오, 이런. 여기 누워서 좀 쉬렴.)

lie down = 드러눕다

→ Lie down here and take a nap. (여기 누워서 낮잠을 자.)

→ I lay down on the floor. (난 바닥에 드러누웠어.)

B Did you take any pills? (알약이라도 먹었니?)

Did you (동사원형)? = 넌 (동사원형)했니?

→ Did you take a shower? (너 샤워했니?)

→ Did you walk your dog? (너 개 산책시켰니?)

A I did but they are not working. (먹었는데 효과가 없어요.)

but = 하지만 / ~이지만

→ I like you but you are not my type. (네가 좋지만 넌 내 타입이 아니야.)

→ It's expensive but it works. (그건 비싸지만 효과가 있어.)

STEP 4

1 내 남편은 편두통이 있어요. =_____

2 여기 드러눕는 게 어때요? =_____

3 너 머리 감았니? =_____

4 난 돼지고기는 먹지만 소고기는 안 먹어. =_____

I eat pork but I don't eat beef.

| My husband has a migraine. | Why don't you lie down here? | Did you wash your hair?

참을 수 있어요

_일상

STEP 1

A How _____ is the movie? (영화가 얼마나 길죠?)

B It's _____ 2 hours long. (약 2시간 길이예요.)

B You might want to go the _____ now.
(지금 화장실을 가시는 것도 괜찮을 거예요.)

A It's OK. I can _____ it. (괜찮아요. 참을 수 있어요.)

STEP 2

• **long** | 긴, 오랜

→ It's a long story. (얘기가 길어.)

→ She has a long neck. (그녀는 긴 목을 가졌어.)

• **about** | 약

→ I weigh about 50kg. (난 약 50kg이 나가.)

→ It's about $500. (그건 약 500달러야.)

• **restroom** | 화장실

→ I forgot to go to the restroom. (난 화장실 가는 걸 잊었어.)

→ Where's the restroom? (화장실이 어디죠?)

• **hold** | 쥐고 있다, 참고 있다

→ Can you hold it? (참을 수 있니?)

→ Hold my hand. (내 손을 잡고 있어.)

A How long is the movie? (영화가 얼마나 길죠?)

How long is (명사)? = (명사)는 얼마나 길지?

→ How long is the speech? (연설이 얼마나 긴가요?)

→ How long is the show? (쇼가 얼마나 긴가요?)

B It's about 2 hours long. (약 2시간 길이예요.)

(기간) long = (기간) 길이인

→ The speech was 30 minutes long. (그 연설은 30분 길이였어.)

→ This movie is 3 hours long. (이 영화는 3시간 길이예요.)

B You might want to go the restroom now.

(지금 화장실을 가시는 것도 괜찮을 거예요.)

might want to (동사원형) = (동사원형)하는 것도 괜찮을 거다

→ You might want to study grammar. (문법을 공부하는 것도 괜찮을 거예요.)

→ She might want to take this class. (그녀는 이 수업을 듣는 것도 괜찮을 거야.)

A It's OK. I can hold it. (괜찮아요. 참을 수 있어요.)

can (동사원형) = (동사원형)할 수 있다

→ I can do anything. (난 아무거나 할 수 있어.)

→ I can solve this quiz. (난 이 퀴즈를 풀 수 있어.)

DAY 107

참을 수 있어요

---

1 그 여행은 얼마나 길죠? =＿＿＿＿＿＿＿＿＿＿＿

2 이 영화는 1시간 길이예요. =＿＿＿＿＿＿＿＿＿＿＿

3 너 살 빼는 것도 괜찮을 거야. =＿＿＿＿＿＿＿＿＿＿＿

4 난 아무거나 먹을 수 있어. =＿＿＿＿＿＿＿＿＿＿＿

I can eat anything.

How long is the trip? | This movie is 1 hour long. | You might want to lose weight. |

STEP 1

A How may I _____ you? (어떻게 도와드릴까요?)

B I need something for my _____. (직장 상사를 위한 선물이 필요해요.)

A What's your _____? (예산이 어떻게 되나요?)

B I can _____ up to $25. (25달러까지 쓸 수 있어요.)

STEP 2

- **help** | 도와주다
  - → Can I help you? (제가 도와드릴 수 있을까요?)
  - → God helped me. (신이 절 도왔어요.)

- **boss** | 상사
  - → Who's your boss? (당신 상사가 누구죠?)
  - → I don't have a boss. (난 상사가 없어.)

- **budget** | 예산
  - → My budget is tight. (내 예산은 빠듯해.)
  - → We have a low budget. (우린 예산이 낮아.)

- **spend** | 쓰다
  - → I can spend $70. (난 70달러를 쓸 수 있어.)
  - → She spent too much money. (그녀는 너무 많은 돈을 썼어.)

A How may I help you? (어떻게 도와드릴까요?)

May I (동사원형)? = 제가 (동사원형)해도 될까요?

→ May I sit here? (제가 여기 앉아도 될까요?)

→ May I help you ladies? (제가 숙녀분들을 도와드려도 될까요?)

B I need something for my boss. (직장 상사를 위한 선물이 필요해요.)

for (명사) = (명사)를 위한

→ I need something for my fiancée. (난 내 약혼녀를 위한 뭔가 필요해.)

→ Do you have something for me? (날 위한 뭔가를 가지고 있니?)

A What's your budget? (예산이 어떻게 되나요?)

What's your (명사)? = 네 (명사)가 뭐니?

→ What's your last name? (당신의 성은 뭔가요?)

→ What's your membership number? (당신의 멤버십 번호는 뭔가요?)

B I can spend up to $25. (25달러까지 쓸 수 있어요.)

up to (수치) = 최대 (수치)까지

→ I can spend up to $500. (전 최대 500달러까지 쓸 수 있어요.)

→ We can stay up to 3 days. (우린 최대 3일까지 머물 수 있어.)

1 제가 당신과 춤춰도 될까요? =_____

2 당신의 전화기를 위한 충전기가 필요한가요? =_____

3 네 이메일 주소가 뭐니? =_____

4 난 최대 3조각까지 먹을 수 있어. =_____

May I dance with you? | Do you need a charger for your phone? | What's your email address? | I can eat up to 3 pieces.

STEP 1

A Do you still have room for _____? (아직 디저트 먹을 공간은 있으신가요?)

B Are you _____? Of course, I do! (농담하시는 건가요? 물론 있죠!)

B Dessert is _____ welcome. (디저트는 항상 환영이에요.)

A We have _____-_____ cookies and green tea ice cream.
(수제 쿠키와 녹차 아이스크림이 있어요.)

STEP 2

• **dessert** | 디저트

→ Would you like some dessert? (디저트 좀 원하세요?)

→ I want some light dessert. (난 가벼운 디저트를 좀 원해.)

• **kid** | 농담하다

→ I was just kidding. (나 그냥 농담한 거야.)

→ Stop kidding me. (농담 그만해.)

• **always** | 항상

→ My parents are always busy. (우리 부모님은 항상 바빠서.)

→ I will always love you. (난 항상 널 사랑할 거야.)

• **hand-made** | 수제인

→ I bought hand-made soap. (난 수제 비누를 샀어.)

→ Is this hand-made? (이거 수제예요?)

A Do you still have room for dessert? (아직 디저트 먹을 공간은 있으신가요?)

　　Do you still (동사원형)? = 넌 여전히 (동사원형)하니?

→ Do you still miss me? (넌 여전히 내가 그립니?)

→ Do you still work here? (넌 여전히 여기서 일하니?)

B Are you kidding? Of course, I do! (농담하시는 건가요? 물론 있죠!)

　　Of course = 물론

→ Of course, I love you. (물론, 널 사랑하지.)

→ Of course, I am right. (물론, 내가 맞지.)

B Dessert is always welcome. (디저트는 항상 환영이에요.)

　　welcome = 환영인

→ You are always welcome. (당신은 항상 환영이에요.)

→ Your friends are always welcome here. (네 친구들은 항상 여기서 환영이야.)

A We have hand-made cookies and green tea ice cream.

　　(수제 쿠키와 녹차 아이스크림이 있어요.)

　　We have (명사). = 저희는 (명사)를 가지고 있어요. / 팔아요.

→ We have various designs. (저희는 다양한 디자인이 있어요.)

→ We have macarons and smoothies. (저희는 마카롱과 스무디를 팔아요.)

1 넌 여전히 미국에 사니? =＿＿＿＿＿＿＿＿＿＿＿＿＿＿

2 물론, 난 여기에 살지. =＿＿＿＿＿＿＿＿＿＿＿＿＿＿

3 너희 아이들은 항상 환영이야. =＿＿＿＿＿＿＿＿＿＿＿

4 저희는 남성용 정장이 있어요. =＿＿＿＿＿＿＿＿＿＿＿

Do you still live in America? | Of course, I live here. | Your kids are always welcome. | We have suits for men.

설 연휴 동안 뭐 하니?

_여행·설날 특집

STEP 1

A What are you doing over the _____? (설 연휴 동안 뭐 하니?)

B I'm _____ my parents to Jeju. (부모님을 제주도에 모시고 가.)

B Are you going _____? (넌 어디라도 가니?)

A I'm visiting my _____ in Seoul, too. (나도 서울에 계신 부모님을 방문해.)

STEP 2

- **holiday** | 휴일
  → I did nothing over the holidays. (난 휴일 동안 아무것도 안 했어.)
  → Today is a holiday. (오늘은 휴일이야.)

- **take** | 데려가다, 가져가다
  → Take me there. (날 거기 데려가줘.)
  → Can you take me to Jeju? (날 제주도에 데려갈 수 있어?)

- **anywhere** | 어디라도, 아무 데도
  → Can we go anywhere? (우리 어디라도 갈 수 있어요? / 가면 안 돼요?)
  → I can't go anywhere. (난 아무 데도 못 가.)

- **parents** | 부모
  → My parents are not strict. (우리 부모님은 엄격하지 않으셔.)
  → Do you live with your parents? (넌 부모님과 사니?)

A **What are you doing over the holidays?** (설 연휴 동안 뭐 하니?)

　　over (기간) = (기간) 동안

→ What did you do over the weekend? (넌 주말 동안 뭐 했니?)

→ I want to do something special over the summer.
　　(난 여름 동안 뭔가 특별한 걸 하고 싶어.)

B **I'm taking my parents to Jeju.** (부모님을 제주도에 모시고 가.)

　　be (~ing) = (~ing)해 / 확정된 사실 전달

→ I'm moving to Florida. (난 Florida로 이사해.)

→ We are getting married soon. (우린 곧 결혼해.)

B **Are you going anywhere?** (넌 어디라도 가니?)

　　Are you (~ing)? = 너 (~ing)하니? / 확정된 사실에 대한 질문

→ Are you visiting your parents tomorrow? (너 내일 부모님 방문하니?)

→ Are you moving soon? (너 곧 이사하니?)

A **I'm visiting my parents in Seoul, too.** (나도 서울에 계신 부모님을 방문해.)

　　in (도시) = (도시)에 있는 / (도시)에서

→ My son-in-law is working in Paris. (내 사위는 파리에서 일하고 있어.)

→ I'm visiting my boyfriend in Chicago. (난 Chicago에 있는 내 남자 친구를 방문해.)

STEP 4

1 난 주말 동안 오사카에 갔어. = _____

2 우린 내일 떠나. = _____

3 너 내일 일 하니? = _____

4 난 대구에 있는 내 친구를 방문해. = _____

I went to Osaka over the weekend. | We are leaving tomorrow. | Are you working tomorrow? | I'm visiting my friend in Daegu.

당신 부츠가 필요한 것 같네요 _가정

STEP 1

A Oh, Jeez. My feet are _____. (오, 맙소사. 발이 엄청 시려워요.)

B I _____ you need boots, dear. (당신 부츠가 필요한 것 같네요, 여보.)

B You should bundle up, _____. (옷도 껴입는 게 좋겠어요.)

A God, I _____ cold days. (어휴, 난 추운 날이 싫어요.)

STEP 2

• **freeze** | 얼다

  → My hands are freezing. (손이 얼고 있어. / 시려워.)

  → My computer froze. (내 컴퓨터가 얼었어. / 멈췄어.)

• **think** | 생각하다

  → I thought so, too. (나도 그렇게 생각했어.)

  → Do you think you are a genius? (넌 네가 천재라고 생각하니?)

• **too** | 마찬가지로

  → I know that, too. (나도 그걸 알아.)

  → Do you deliver, too? (배달도 하세요?)

• **hate** | 싫어하다

  → I hate rainy days. (난 비 오는 날을 싫어해.)

  → She hates snowy days. (그녀는 눈 오는 날을 싫어해.)

A Oh, Jeez. My feet are freezing. (오, 맙소사. 발이 엄청 시려워요.)

Jeez. = 맙소사.

→ Jeez. I'm late. (맙소사. 나 늦었어.)

→ Jeez. You are beautiful. (맙소사. 당신은 아름답군요.)

B I think you need boots, dear. (당신 부츠가 필요한 것 같네요, 여보.)

I think (평서문). = 난 (평서문)이라고 생각해. / ~인 것 같아.

→ I think you need some love. (넌 사랑이 좀 필요한 것 같아.)

→ I think you are handsome. (난 네가 잘생겼다고 생각해.)

B You should bundle up, too. (옷도 껴입는 게 좋겠어요.)

bundle up = 껴입다

→ It's cold. Bundle up! (추워. 껴입어!)

→ Don't forget to bundle up. (껴입는 거 까먹지 마.)

A God, I hate cold days. (어휴, 난 추운 날이 싫어요.)

God = 신이시여 / 어휴, 맙소사

→ God, I love winter. (맙소사, 난 겨울이 좋아.)

→ God, I hate carrots. (어휴, 난 당근이 싫어.)

STEP 4

1 맙소사. 우린 늦었어. =_____

2 난 네가 웃기다고 생각해. =_____

3 껴입자! =_____

4 맙소사, 난 여름이 싫어! =_____

Jeez. We are late. | I think you are funny. | Let's bundle up! | God, I hate summer!

당좌예금 계좌를 열고 싶은데요 _일상

STEP 1

A I want to _____ a checking account. (당좌예금 계좌를 열고 싶은데요.)

B Can I see your _____ first? (신분증 먼저 볼 수 있을까요?)

A Here's my _____ driver's license. (여기 제 국제 운전면허증이요.)

B Please fill out these two _____. (이 두 개의 양식을 작성해주세요.)

STEP 2

- **open** | 열다, 개설하다

   → I opened a savings account. (난 저축 계좌를 열었어.)

   → Can you open the window? (창문 좀 열어줄 수 있니?)

- **ID** | 신분증

   → You need to bring two IDs. (넌 신분증 두 개를 가져와야 해.)

   → Here's my ID. (여기 제 신분증이 있어요.)

- **international** | 국제의, 국제적인

   → I am an international student. (전 국제 학생이에요.)

   → This is an international company. (이건 국제적인 회사야.)

- **form** | 양식

   → Please fill out this form. (이 양식을 기입해주세요.)

   → Please submit this form. (이 양식을 제출해주세요.)

A **I want to open a checking account.** (당좌예금 계좌를 열고 싶은데요.)
want to (동사원형) = (동사원형)하고 싶다

→ I want to close my account. (전 제 계정을 닫고 싶어요.)
→ I wanted to drink hot milk. (난 뜨거운 우유를 마시고 싶었어.)

B **Can I see your ID first?** (신분증 먼저 볼 수 있을까요?)
first = 먼저

→ Can I use the bathroom first? (제가 화장실 먼저 써도 될까요?)
→ I said it first! (내가 먼저 말했어!)

A **Here's my international driver's license.** (여기 제 국제 운전면허증이요.)
Here's (명사). = 여기 (명사)가 있어요.

→ Here's your credit card. (여기 손님의 신용카드입니다.)
→ Here's my boarding pass. (여기 제 탑승권이에요.)

B **Please fill out these two forms.** (이 두 개의 양식을 작성해주세요.)
fill out (명사) = (명사)를 작성하다 / 기입하다

→ I already filled out the form. (전 이미 그 양식을 기입했어요.)
→ I don't know how to fill this out. (전 이걸 작성하는 법을 몰라요.)

DAY 112

당좌예금 계좌를 열고 싶은데요

1 난 너와 춤추고 싶어. =_____
2 이 알약들을 먼저 복용해. =_____
3 여기 당신의 영수증이에요. =_____
4 당신은 그걸 작성하지 않아도 돼요. =_____

I want to dance with you. | Take these pills first. | Here's your receipt. | You don't have to fill it out.

이 50달러짜리 플랜은 뭔가요?

_쇼핑

STEP 1

A What is this $50 _____? (이 50달러짜리 플랜은 뭔가요?)

B It gives you _____ data and talk minutes.
(무제한 데이터와 통화 시간을 드립니다.)

A Do you have _____ plans? (더 저렴한 플랜들도 있나요?)

B The $30 plan _____ 500 talk minutes.
(30달러짜리 플랜은 500분 통화 시간을 포함합니다.)

STEP 2

• **plan** | (보험이나 휴대폰 등의) 플랜
→ We have another plan. (다른 플랜이 있어요.)
→ This is the cheapest plan. (이게 가장 싼 플랜입니다.)

• **unlimited** | 무제한의
→ You will receive unlimited benefits. (당신은 무제한 혜택을 받을 거예요.)
→ They gave me unlimited talk minutes. (그들은 나에게 무제한 통화 시간을 줬어.)

• **cheaper** | 더 저렴한
→ Which plan is cheaper? (어느 플랜이 더 저렴하죠?)
→ We have cheaper ones. (더 저렴한 것들도 있어요.)

• **include** | 포함하다
→ It includes free samples. (그건 무료 샘플들도 포함해요.)
→ Does it include all the fees? (그건 모든 수수료를 포함하나요?)

A **What is this $50 plan?** (이 50달러짜리 플랜은 뭔가요?)

(가격) (명사) = (가격)짜리 (명사) / 이런 경우 가격은 단수로 사용

→ What is this twenty dollar plan? (이 20달러짜리 플랜은 뭐죠?)

→ This is a two dollar bill. (이건 2달러짜리 지폐야.)

B **It gives you unlimited data and talk minutes.**

(무제한 데이터와 통화 시간을 드립니다.)

give (사람) (명사) = (사람)에게 (명사)를 주다

→ It gives you 500 talk minutes. (그건 당신에게 500분 통화 시간을 줍니다.)

→ He gave me another chance. (그는 내게 또 한 번의 기회를 줬어.)

A **Do you have cheaper plans?** (더 저렴한 플랜들도 있나요?)

(비교급 형용사) (명사) = (비교급 형용사)한 (명사)

→ I bought a lighter desk. (난 더 가벼운 책상을 샀어.)

→ Do you have stronger coffee? (더 강한 커피 있나요?)

B **The $30 plan includes 500 talk minutes.**

(30달러짜리 플랜은 500분 통화 시간을 포함합니다.)

include (명사) = (명사)를 포함하다

→ This price includes everything. (이 가격은 모든 걸 포함합니다.)

→ Does it include your service fee? (그건 당신의 서비스 수수료도 포함하나요?)

DAY 113

이 50달러짜리 플랜은 읽기요?

STEP 4

1 이건 20달러짜리 마우스야. =_____

2 그들은 내게 많은 돈을 줬어. =_____

3 이게 더 가벼운 신발이야. =_____

4 그건 세금을 포함해요. =_____

It includes tax. | These are lighter shoes. | They gave me a lot of money. | This is a twenty dollar mouse.

이 테이블은 4명에게는 너무 작네요 _식당

STEP 1

A This _____ is too small for four. (이 테이블은 4명에게는 너무 작네요.)

A Can you _____ us to another table? (저희 좀 다른 테이블로 옮겨주실 수 있나요?)

B I'm _____ for the inconvenience. (불편함에 대해 사과드려요.)

B Let me move you to a _____ table. (더 큰 테이블로 옮겨드릴게요.)

STEP 2

- **table** | 테이블, 탁자
  - → We need a stronger table. (우린 더 강한 탁자가 필요해.)
  - → Your key is on the table. (네 열쇠는 그 테이블 위에 있어.)

- **move** | 옮기다
  - → They moved us to the marketing department.
    (그들은 우리를 마케팅 부서로 옮겼어.)
  - → Did you move my bag? (네가 내 가방을 옮겼니?)

- **sorry** | 미안한
  - → I'm sorry about everything. (모든 것에 대해 미안해.)
  - → We are really sorry. (저희는 정말 죄송합니다.)

- **bigger** | 더 큰
  - → This room is bigger. (이 방이 더 커.)
  - → Do you have a bigger office? (더 큰 사무실이 있나요?)

A **This table is too small for four.** (이 테이블은 4명에게는 너무 작네요.)

　　too (형용사) = 너무 (형용사)한

→ This room is too small for 10. (이 방은 10명에게는 너무 작아.)

→ This shirt is too tight for me. (이 셔츠는 내게는 너무 껴.)

A **Can you move us to another table?** (저희 좀 다른 테이블로 옮겨 주실 수 있나요?)

　　to (명사) = (명사)로

→ Send this package to California. (이 소포를 California로 보내.)

→ Please send it to our Seoul office. (그걸 저희 서울 사무실로 보내주세요.)

B **I'm sorry for the inconvenience.** (불편함에 대해 사과드려요.)

　　sorry for (명사) = (명사)에 대해 미안한

→ We are sorry for the delay. (지연에 대해 죄송합니다.)

→ I am sorry for the confusion. (혼동에 대해 죄송합니다.)

B **Let me move you to a bigger table.** (더 큰 테이블로 옮겨드릴게요.)

　　Let me (동사원형). = (동사원형)하게 해주세요. / 할게요.

→ Let me help your grandma. (내가 너희 할머니를 도울게.)

→ Let me study with you. (내가 너와 공부할게.)

1 Las Vegas는 너무 멀어. =_____

2 학교로 걸어가자. =_____

3 저희는 모든 것에 대해 죄송합니다. =_____

4 내가 너와 걸을게. =_____

Las Vegas is too far. | Let's walk to school. | We are sorry for everything. | Let me walk with you.

DAY 114

이 테이블은 4명에게는 너무 작네요

이것 참 믿을 수가 없네요

CHECK | 손영작 ☐ 입영작 ☐ 반복낭독 ☐ 수업 듣기 ☐

STEP 1

A Is this the _____ for The Mayu Ride? (이게 The Mayu Ride를 위한 줄인가요?)

B Yes. We are _____ in line. (네. 저희 모두 줄 서 있는 거예요.)

B You should _____ up and get in line. (서둘러서 줄 서시는 게 좋겠어요.)

A This is _____. (이것 참 믿을 수가 없네요.)

STEP 2

• **line** | 줄, 선
  → That's a long line! (긴 줄이네요!)
  → The line is too long. (줄이 너무 길어.)

• **all** | 모두
  → They all watch this show. (그들 모두 이 쇼를 시청해.)
  → We love you all. (저희는 여러분 모두를 사랑합니다.)

• **hurry** | 서두르다
  → We had to hurry. (우린 서둘러야만 했어.)
  → Hurry up! (서둘러!)

• **unbelievable** | 믿을 수 없는
  → His skills are unbelievable! (그의 실력은 믿을 수가 없어!)
  → This is an unbelievable story! (이건 믿을 수 없는 이야기야!)

A **Is this the line for The Mayu Ride?** (이게 The Mayu Ride를 위한 줄인가요?)

   for (명사) = (명사)를 위한

→ Is this the line for students? (이건 학생들을 위한 줄인가요?)

→ Is this the line for the VIP members? (이건 VIP 멤버들을 위한 줄인가요?)

B **Yes. We are all in line.** (네. 저희 모두 줄 서 있는 거예요.)

   be in line = 줄을 서 있다

→ I am in line. (저 줄 서 있는 거예요.)

→ Are you in line? (줄 서 계신 건가요?)

B **You should hurry up and get in line.** (서둘러서 줄 서시는 게 좋겠어요.)

   get in line = 줄을 서다

→ I don't want to get in line. (난 줄 서고 싶지 않아.)

→ We'd better get in line. (우리 줄 서는 게 좋을 거야.)

A **This is unbelievable.** (이것 참 믿을 수가 없네요.)

   This is (형용사). = 이것 참 (형용사)하네.

→ This is ironic. (이것 참 아이러니하네.)

→ This is shocking. (이것 참 충격적이네.)

DAY 115

이것 참 믿을 수가 없네요

---

1 이게 방문객들을 위한 줄인가요? =_____

2 저희는 줄 서 있는 게 아니에요. =_____

3 지금 줄을 서. =_____

4 이것 참 놀랍네. =_____

Is this the line for visitors? | We are not in line. | Get in line now. | This is surprising.

오늘 일 안 해서 참 다행이네요

CHECK | 손영작 ☐ 입영작 ☐ 반복낭독 ☐ 수업 듣기 ☐

STEP 1

A Rise and shine! It's _____ 10. (일어나세요. 벌써 10시예요.)

B Mmm… Thank God I'm off _____. (음… 오늘 일 안 해서 참 다행이네요.)

B Can I _____ for 10 more minutes? (10분만 더 자도 돼요?)

A Come on. Let's go and take a _____. (왜 이래요. 가서 산책하자고요.)

STEP 2

• **already** | 이미, 벌써

→ It's already noon. (벌써 정오야.)

→ He is already married. (그는 이미 결혼했어.)

• **today** | 오늘

→ I didn't go to work today. (난 오늘 출근 안 했어.)

→ Did you study English today? (너 오늘 영어 공부했니?)

• **sleep** | 자다

→ Are you already sleeping? (넌 벌써 자고 있니?)

→ I didn't sleep last night. (나 어젯밤에 안 잤어.)

• **walk** | 산책, 걷다

→ Let's go for a walk. (산책하러 가자.)

→ I walked to work. (난 걸어서 출근했어.)

A Rise and shine! It's already 10. (일어나세요. 벌써 10시예요.)

It's (시간). = (시간)이야.

→ It's 10pm. (오후 10시야.)

→ It's already midnight. (벌써 자정이야.)

B Mmm··· Thank God I'm off today. (음··· 오늘 일 안 해서 참 다행이네요.)

Thank God (평서문). = (평서문)이라 참 다행이야.

→ Thank God we are brothers. (우리가 형제라 참 다행이야.)

→ Thank God they are not here. (그들이 여기 없어서 참 다행이야.)

B Can I sleep for 10 more minutes? (10분만 더 자도 돼요?)

(숫자) more minutes = (숫자)분 더

→ I need two more minutes. (난 2분 더 필요해.)

→ I need five more hours. (난 5시간 더 필요해.)

A Come on. Let's go and take a walk. (왜 이래요. 가서 산책하자고요.)

Let's (동사원형). = (동사원형)하자.

→ Let's dream big. (크게 꿈을 꾸자.)

→ Let's finish this project. (이 프로젝트를 끝마치자.)

1 아직 오후 8시야. =_____

2 마유가 내 선생님이라 참 다행이야. =_____

3 난 20분 더 필요해. =_____

4 빠르게 달리자. =_____

It's still 8pm. | Thank God Mayu is my teacher. | I need 20 more minutes. | Let's run fast.

왜 날 못 믿는 거야?

STEP 1

A Why are you _____ again? (너 왜 또 늦은 거야?)

B I was stuck in traffic for 2 _____! (나 2시간 동안 교통체증에 갇혀 있었어.)

A Are you lying to me _____? (너 또 나한테 거짓말하고 있는 거야?)

B No! Why can't you _____ me? (아니야! 왜 날 못 믿는 거야?)

STEP 2

- **late** | 늦은
  - → Emma is late again. (Emma는 또 늦었어.)
  - → Is it too late? (너무 늦은 거니?)

- **hour** | 시간
  - → We have 2 more hours. (우린 2시간이 더 있어.)
  - → How many hours do you need? (넌 몇 시간이 필요하니?)

- **again** | 다시
  - → Don't kick my seat again. (내 좌석을 다시는 차지 마세요.)
  - → I'll see you again. (또 보자.)

- **believe** | 믿다
  - → I believe his story. (난 그의 이야기를 믿어.)
  - → Don't believe anyone. (아무도 믿지 마.)

A Why are you late again? (너 왜 또 늦은 거야?)

　　Why are you (형용사)? = 넌 왜 (형용사)한 거니?

→ Why are you angry? (넌 왜 화난 거니?)

→ Why are you quiet? (넌 왜 조용한 거니?)

B I was stuck in traffic for 2 hours! (나 2시간 동안 교통체증에 갇혀 있었어.)

　　stuck in traffic = 교통체증에 갇힌

→ We are stuck in traffic. (우린 교통체증에 갇혔어.)

→ Are you stuck in traffic again? (너 또 교통체증에 갇혔니?)

A Are you lying to me again? (너 또 나한테 거짓말하고 있는 거야?)

　　lie to (사람) = (사람)에게 거짓말하다

→ Don't lie to me. (내게 거짓말하지 마.)

→ Is she lying to us? (그녀가 우리에게 거짓말하고 있는 건가?)

B No! Why can't you believe me? (아니야! 왜 날 못 믿는 거야?)

　　Why can't you (동사원형)? = 넌 왜 (동사원형) 못하니?

→ Why can't you trust us? (왜 우릴 신뢰하지 못하죠?)

→ Why can't you be quiet? (왜 조용하지를 못하니?)

DAY 117

왜 날 못 믿는 거야?

STEP 4

1 넌 왜 겁먹었니? =＿＿＿＿＿＿＿＿＿＿＿＿＿＿＿＿＿

2 우린 명동에서 교통체증에 갇혔었어. =＿＿＿＿＿＿＿＿＿＿

3 넌 Ray에게 또 거짓말했니? =＿＿＿＿＿＿＿＿＿＿＿＿

4 넌 왜 솔직하지 못하니? =＿＿＿＿＿＿＿＿＿＿＿＿＿＿

Why can't you be honest?

| Did you lie to Ray again? | We were stuck in traffic in Myeongdong. | Why are you scared?

STEP 1

A You have 3,100 _____. (3,100포인트를 가지고 계세요.)

B How many points can I _____? (몇 포인트 쓸 수 있나요?)

A You can use _____ of them. (전부 다 쓰실 수 있습니다.)

B I want to use them towards my _____. (제 구매에 사용하고 싶어요.)

STEP 2

• **point** | 점, 포인트

 → You can use your points. (포인트를 쓰셔도 돼요.)

 → He scored 30 points. (그는 30점을 넣었어. / 예: 농구)

• **use** | 사용하다

 → I used 3,000 points. (난 3,000점을 썼어.)

 → Use your arms. (팔을 써.)

• **all** | 모두, 전부

 → She knows all of us. (그녀는 우리 전부를 알아.)

 → I used all of the salt. (난 그 소금의 전부를 썼어.)

• **purchase** | 구매, 구매하다

 → Thank you for your purchase. (구매에 감사드립니다.)

 → They purchased a condominium. (그들은 콘도미니엄을 구매했어.)

A **You have 3,100 points**. (3,100포인트를 가지고 계세요.)

have (명사) = (명사)를 가지고 있다

→ I have too many points. (난 포인트가 너무 많아.)

→ She doesn't have any points. (그녀는 아무 포인트가 없어.)

B **How many points can I use?** (몇 포인트 쓸 수 있나요?)

How many (복수명사) = 얼마나 많은 (복수명사) / (복수명사) 몇 개

→ How many kids do you have? (몇 명의 아이를 데리고 계세요?)

→ How many pieces did you eat? (몇 조각을 먹었니?)

A **You can use all of them.** (전부 다 쓰실 수 있습니다.)

all of (명사) = (명사) 전부

→ I love all of my fans. (난 내 팬들 전부를 사랑해.)

→ We used all of the money. (우린 그 돈 전부를 썼어.)

B **I want to use them towards my purchase.** (제 구매에 사용하고 싶어요.)

towards (명사) = (명사)쪽으로 / (명사)에

→ I used my points towards my purchase. (난 내 포인트를 구매에 썼어.)

→ Can I use my points towards my purchase? (제 포인트를 구매에 써도 되나요?)

DAY 118

몇 포인트 쓸 수 있나요?

STEP 4

1 우린 시간을 가지고 있지 않아(시간이 없어). =_____

2 넌 몇 대의 차를 가지고 있니? =_____

3 그녀는 우리 전부를 사랑하셔. =_____

4 당신의 포인트를 당신의 구매에 쓰셔도 돼요. =_____

You can use your points towards your purchase.
She loves all of us. | How many cars do you have? | We don't have time.

STEP 1

A How long should we _____? (저희 얼마나 오래 기다려야 하나요?)

B The waiting time is 2_____. (대기 시간은 2시간이에요.)

B We can _____ you if you want. (원하시면 전화드릴 수 있어요.)

A We'll just come back _____. (저희 그냥 나중에 다시 올게요.)

STEP 2

• **wait** | 기다리다

→ Wait in the lobby. (로비에서 기다려.)

→ I am still waiting for you. (나 아직도 너 기다리고 있어.)

• **hour** | 시간

→ I waited for 3 hours. (난 3시간 동안 기다렸어.)

→ It's been 5 hours. (5시간이 됐어.)

• **call** | ~에게 전화하다

→ I called my coworker. (난 내 직장동료에게 전화했어.)

→ Why did you call me? (너 왜 나한테 전화했어?)

• **later** | 나중에

→ Let's discuss it later. (그걸 나중에 논의합시다.)

→ Let me call you later. (나중에 전화할게.)

A **How long should we wait?** (저희 얼마나 오래 기다려야 하나요?)

How long = 얼마나 오래

→ How long should I wait here? (얼마나 오래 여기서 기다려야 할까요?)

→ How long do you want to stay here? (얼마나 오래 여기서 머물고 싶나요?)

B **The waiting time is 2 hours.** (대기 시간은 2시간이에요.)

waiting time = 대기 시간

→ The waiting time is 30 minutes. (대기 시간은 30분이에요.)

→ How long is the waiting time? (대기 시간이 얼마나 길죠?)

B **We can call you if you want.** (원하시면 전화드릴 수 있어요.)

if (평서문) = (평서문)이면

→ I can help you if you want. (원하면 도와줄 수 있어.)

→ Call me later if you are busy. (바쁘면 나중에 전화해.)

A **We'll just come back later.** (저희 그냥 나중에 다시 올게요.)

come back = 돌아오다

→ Come back home. (집으로 돌아와.)

→ I came back from Europe. (난 유럽에서 돌아왔어.)

DAY 119

대기 시간은 2시간이에요

1 얼마나 오래 넌 기다렸니? =_____

2 대기 시간은 1시간이에요. =_____

3 네가 무서우면 내게 전화해. =_____

4 그녀는 캐나다에서 돌아왔어. =_____

She came back from Canada.
How long did you wait? | The waiting time is 1 hour. | Call me if you are scared. |

마유 호텔 뉴욕이에요

CHECK | 손영작 ☐ 입영작 ☐ 반복낭독 ☐ 수업 듣기 ☐

STEP 1

A Where would you like to ____? (어디로 모실까요?)

B I have the _____ here. (저 여기 주소 가지고 있어요.)

B It's Mayu _____ New York. (마유 호텔 뉴욕이에요.)

A It will take 20 minutes. Please _____ ____.
(20분 걸릴 겁니다. 안전벨트를 매주세요.)

STEP 2

• **go** | 가다

→ I want to go to the zoo. (난 동물원에 가고 싶어.)

→ She went to school today. (그녀는 오늘 학교에 갔어.)

• **address** | 주소

→ What's your address? (네 주소는 뭐니?)

→ I don't remember my address. (내 주소가 기억이 안 나.)

• **hotel** | 호텔

→ I am staying at a hotel. (전 호텔에 머물고 있어요.)

→ Our hotel is close to the airport. (저희 호텔은 공항에서 가깝습니다.)

• **buckle up** | 안전벨트를 매다

→ Don't forget to buckle up. (안전벨트 매는 걸 잊지 마.)

→ Why didn't he buckle up? (그는 왜 안전벨트를 안 했지?)

A Where would you like to go? (어디로 모실까요?)

Where would you like to (동사원형)?

= 어디로, 어디에서, 어디를 (동사원형)하고 싶나요?

→ Where would you like to visit? (어디를 방문하고 싶나요?)

→ Where would you like to eat? (어디에서 먹고 싶나요?)

B I have the address here. (저 여기 주소 가지고 있어요.)

I have (명사) here. = 여기 (명사)가 있어요.

→ I have my driver's license here. (여기 제 운전면허증이 있어요.)

→ I have my policy number here. (여기 제 증권 번호가 있어요.)

B It's Mayu Hotel New York. (마유 호텔 뉴욕이에요.)

It's (명사). = (명사)예요.

→ It's Mayu Resort. (마유 리조트예요.)

→ It's JFK Airport. (JFK 공항이에요.)

A It will take 20 minutes. Please buckle up.

(20분 걸릴 겁니다. 안전벨트를 매주세요.)

take (기간) = (기간)이 걸리다

→ It will take two weeks. (2주가 걸릴 겁니다.)

→ It took 30 minutes. (30분이 걸렸어.)

DAY 120

마유 호텔 뉴욕이에요

1 당신은 어디에서 마시고 싶나요? =_____

2 여기 제 숙제가 있어요. =_____

3 인천 공항이에요. =_____

4 2시간이 걸릴 겁니다. =_____

Where would you like to drink? | I have my homework here. | It's Incheon Airport. | It will take two hours.

내가 그냥 회사로 데려다줄게요 _가정

STEP 1

A Can you give me a ride to the _____ _____?
(나 좀 버스정류장에 데려다줄 수 있어요?)

B Oh, are you _____? (아, 당신 늦었어요?)

A No, I'm just not _____ well. (아니, 그냥 몸이 좀 안 좋아요.)

B Let me just take you to _____. (내가 그냥 회사로 데려다줄게요.)

STEP 2

• **bus stop** | 버스정류장

→ Where is the bus stop? (버스정류장이 어디에 있나요?)

→ There is no bus stop around here. (이 근처에는 버스정류장이 없어요.)

• **late** | 늦은

→ We are not late yet. (우린 아직 안 늦었어.)

→ Am I late? (나 늦은 거니?)

• **feel** | 느끼다

→ I feel lonely. (난 외롭게 느껴. / 외로워.)

→ Do you feel alright? (괜찮게 느끼니? / 괜찮니?)

• **work** | 일터

→ I go to work every day. (난 매일 일터에 가. / 출근해.)

→ Mr. Jackson didn't come to work today. (Jackson 씨는 오늘 출근 안 했어요.)

STEP 3

A Can you give me a ride to the bus stop?
(나 좀 버스정류장에 데려다줄 수 있어요?)

give (사람) a ride = (사람)을 차로 데려다주다

→ I can give you a ride. (내가 널 데려다줄 수 있어.)

→ I gave her a ride to school. (난 그녀를 학교에 데려다줬어.)

B Oh, are you late? (아, 당신 늦었어요?)

Are you (형용사)? = 넌 (형용사)하니?

→ Are you happy? (너 행복하니?)

→ Are you crazy? (너 미쳤니?)

A No, I'm just not feeling well. (아니, 그냥 몸이 좀 안 좋아요.)

not feeling well = 몸 상태가 안 좋은

→ My wife is not feeling well. (내 아내는 몸 상태가 안 좋아.)

→ I wasn't feeling well. (난 몸 상태가 안 좋았어.)

B Let me just take you to work. (내가 그냥 회사로 데려다줄게요.)

take (사람) to (장소) = (사람)을 (장소)로 데려다주다

→ I can take you to school. (내가 널 학교에 데려다줄 수 있어.)

→ Can you take me to work? (날 회사로 데려다줄 수 있어요?)

STEP 4

1 난 마유를 일산으로 (차로) 데려다줬어. =_____

2 넌 졸리니? =_____

3 우린 몸 상태가 안 좋아. =_____

4 날 병원으로 데려다줘. =_____

I gave Mayu a ride to Ilsan. | Are you sleepy? | We are not feeling well. | Take me to the hospital.

253

캐러멜 반, 버터 반을 원해요

_일상

STEP 1

A Let me get a large _____ and a medium cola.
(큰 사이즈 팝콘하고 중간 사이즈 콜라 주세요.)

B Which _____ would you like? (어느 맛으로 원하세요?)

A I want half caramel and half _____. (캐러멜 반, 버터 반을 원해요.)

B OK. It's $7.99 _____. (네. 다 합쳐서 7.99달러입니다.)

STEP 2

- **popcorn** | 팝콘
  - → I want a small popcorn. (난 작은 팝콘을 원해.)
  - → My girlfriend doesn't eat popcorn. (내 여자 친구는 팝콘을 안 먹어.)

- **flavor** | 맛
  - → Which flavor does your child like? (당신의 아이는 어느 맛을 좋아하나요?)
  - → This cake has a sweet flavor. (이 케이크는 달콤한 맛을 가지고 있어.)

- **butter** | 버터
  - → Butter makes you fat. (버터는 살찌게 만들어.)
  - → I added more butter. (난 더 많은 버터를 추가했어.)

- **altogether** | 다 합쳐서
  - → It's $20 altogether. (다 합쳐서 20달러입니다.)
  - → I bought 100 cups altogether. (난 다 합쳐서 100개의 컵을 샀어.)

A **Let me get a large popcorn and a medium cola.**

(큰 사이즈 팝콘하고 중간 사이즈 콜라 주세요.)

Let me (동사원형). = (동사원형)하게 해주세요. / 할게요.

→ Let me get a small cheeseburger. (작은 치즈버거 주문할게요.)

→ Let me move my bag. (제 가방을 옮길게요.)

B **Which flavor would you like?** (어느 맛으로 원하세요?)

Which (명사) would you like? = 어느 (명사)를 원하세요?

→ Which color would you like? (어느 색을 원하세요?)

→ Which character would you like? (어느 캐릭터를 원하세요?)

A **I want half caramel and half butter.** (캐러멜 반, 버터 반을 원해요.)

want (명사) = (명사)를 원하다

→ She doesn't want Jason. (그녀는 Jason을 원하지 않아.)

→ We want something new. (우린 뭔가 새로운 걸 원해.)

B **OK. It's $7.99 altogether.** (네. 다 합쳐서 7.99달러입니다.)

It's (가격) altogether. = 다 합쳐서 (가격)입니다.

→ It's $19.99 altogether. (다 합쳐서 19.99달러입니다.)

→ It's $50 altogether. (다 합쳐서 50달러입니다.)

1 네 포크를 쓸게. =_____

2 어느 빵을 원하세요? =_____

3 난 은 목걸이를 원해. =_____

4 다 합쳐서 99달러입니다. =_____

It's $99 altogether.
Let me use your fork. | Which bread would you like? | I want a silver necklace. |

제 약혼녀를 위한 선물이 필요해요 _쇼핑

STEP 1

A I need a Valentine's Day gift for my _____ .
(제 약혼녀를 위한 밸런타인데이 선물이 필요해요.)

B Is she allergic to _____? (알레르기 있으신 게 있나요?)

A Not that I _____ of. (제가 알기론 아닌데요.)

B Then, she will love these rhinestone _____ .
(그럼, 이 모조 다이아몬드 귀걸이를 엄청 좋아하실 거예요.)

STEP 2

• **fiancée** | 약혼녀

→ This is my fiancée. (여기 제 약혼녀예요.)

→ His fiancée is a teacher. (그의 약혼녀는 선생님이야.)

• **anything** | 그 어떤 것(이라도)

→ Do you need anything? (그 어떤 것이라도 필요하세요?)

→ Anything is fine. (아무거나 괜찮아요.)

• **know** | 알고 있다

→ I already know that. (그건 이미 알고 있어.)

→ She knew my name! (그녀가 내 이름을 알고 있었어!)

• **earring(s)** | 귀걸이

→ I got my wife gold earrings. (난 내 아내에게 금 귀걸이를 사다줬어.)

→ How much are these earrings? (이 귀걸이는 얼마예요?)

A **I need a Valentine's Day gift for my fiancée.**

(제 약혼녀를 위한 밸런타인데이 선물이 필요해요.)

need (명사) = (명사)가 필요하다

→ She needs more attention. (그녀는 더 많은 관심이 필요해.)

→ I need diapers for my baby. (전 제 아기를 위한 기저귀가 필요해요.)

B **Is she allergic to anything?** (알레르기 있으신 게 있나요?)

be allergic to (명사) = (명사)에 알레르기가 있다

→ I am allergic to oranges. (난 오렌지에 알레르기가 있어.)

→ I am not allergic to anything. (난 아무것에도 알레르기가 없어.)

A **Not that I know of.** (제가 알기론 아닌데요.)

Not that I know of. = 제가 알기론 아니에요.

→ Do I know you? / Not that I know of.

(제가 당신을 아나요? / 제가 알기론 아닌데요.)

→ Was he here? / Not that I know of. (그가 여기에 있었니? / 내가 알기론 아닌데.)

B **Then, she will love these rhinestone earrings.**

(그럼, 이 모조 다이아몬드 귀걸이를 엄청 좋아하실 거예요.)

will (동사원형) = (동사원형)할 것이다

→ You will love this bracelet. (이 팔찌를 엄청 좋아하실 거예요.)

→ They will hire you. (그들은 당신을 고용할 거예요.)

DAY 123

제 약혼녀를 위한 선물이 필요해요

1 난 네 조언이 필요해. =_____

2 내 아들은 고양이에 알레르기가 있어. =_____

3 그녀는 화가 나 있니? / 내가 알기론 아닌데. =_____

4 그녀는 네 선물을 좋아할 거야. =_____

I need your advice. | My son is allergic to cats. | Is she mad? / Not that I know of. | She will love your gift.

257

STEP 1

A Do I have to make a _____? (예약을 해야만 하나요?)

B What _____ are you coming in? (무슨 요일에 오시나요?)

A I'm coming in _____ at 8. (오늘 밤 8시에 가요.)

B Then, you can _____ walk in. (그럼, 그냥 오셔도 돼요.)

STEP 2

- **reservation** | 예약
  - → I didn't make a reservation. (저 예약 안 했는데요.)
  - → You must make a reservation. (너 반드시 예약해야만 해.)

- **day** | 요일
  - → What day is it today? (오늘 무슨 요일이지?)
  - → Today is Friday. (오늘은 금요일이야.)

- **tonight** | 오늘 밤에, 오늘 밤
  - → I can see you tonight. (나 오늘 밤에 너 볼 수 있어.)
  - → Let's have a date tonight. (오늘 밤에 데이트하자.)

- **just** | 그냥
  - → Just say yes. (그냥 알겠다고 해.)
  - → I just don't like this song. (난 그냥 이 노래가 마음에 안 들어.)

258

A Do I have to make a reservation? (예약을 해야만 하나요?)

　　Do I have to (동사원형)? = 제가 (동사원형)을 해야만 하나요?

→ Do I have to bring my ID? (제 신분증을 가져와야만 하나요?)

→ Do I have to tell you again? (내가 또 너에게 말해줘야만 하니?)

B What day are you coming in? (무슨 요일에 오시나요?)

　　come in = 들어오다, 방문하다

→ Can you come in on Friday? (금요일에 방문하실 수 있나요?)

→ Come in! (들어와!)

A I'm coming in tonight at 8. (오늘 밤 8시에 가요.)

　　at (시간) = (시간)에

→ I am leaving at 9. (나 9시에 떠나.)

→ I will see you there at 3:30. (거기에서 3시 반에 보자.)

B Then, you can just walk in. (그럼, 그냥 오셔도 돼요.)

　　You can just (동사원형). = 그냥 (동사원형)하셔도 돼요.

→ You can just go. (그냥 가셔도 돼요.)

→ You can just pay with a credit card. (그냥 신용카드로 내셔도 돼요.)

DAY 124

예약을 해야만 하나요?

1 내가 Tom을 봐야만 하니? = _____

2 이제 들어오셔도 돼요. = _____

3 난 3시에 수업이 있어. = _____

4 그냥 저에게 전화하셔도 돼요. = _____

Do I have to see Tom? | You can come in now. | I have a class at 3. | You can just call me.

CHECK | 손영작 ☐ 입영작 ☐ 반복낭독 ☐ 수업 듣기 ☐

STEP 1

A There are scuff marks on the rear _____. (뒤 범퍼에 쓸린 자국이 있어요.)

B OK. Let me _____ it down. (네. 기록해두겠습니다.)

B Do you see anything _____? (다른 것도 보이시나요?)

A I see a _____ scratch here, too. (여기 얇은 스크래치도 보여요.)

STEP 2

• **bumper** | (자동차의) 범퍼
  → There is a scratch on the bumper. (범퍼에 스크래치가 있어요.)
  → I need a used bumper. (난 중고 범퍼가 필요해.)

• **mark** | 표시하다, 표시
  → I marked it on the calendar. (난 그걸 달력에 표시했어.)
  → This is a question mark. (이건 물음표야.)

• **else** | 다른
  → Ask someone else. (누군가 다른 사람에게 물어보세요.)
  → Let's go somewhere else. (어딘가 다른 곳에 가자.)

• **fine** | 얇은, 고운
  → Fine dust is everywhere. (미세 먼지가 여기저기에 있어.)
  → Look at this fine line. (이 얇은 선을 좀 봐.)

A **There are scuff marks on the rear bumper.** (뒤 범퍼에 쓸린 자국이 있어요.)

on (명사) = (명사) 위에

→ There is a scratch on the front bumper. (앞 범퍼에 스크래치가 있어요.)

→ There is something on your face. (네 얼굴에 뭔가 있어.)

B **OK. Let me mark it down.** (네. 기록해두겠습니다.)

mark (명사) down = (명사)를 기록해두다, 표시해두다

→ Did you mark this down? (이걸 표시해뒀나요?)

→ He didn't mark it down! (그가 그걸 기록해두지 않았어요!)

B **Do you see anything else?** (다른 것도 보이시나요?)

Do you see (명사)? = (명사)가 보이나요?

→ Do you see me? (내가 보이니?)

→ Do you see this stain? (이 얼룩이 보이니?)

A **I see a fine scratch here, too.** (여기 얇은 스크래치도 보여요.)

I see (명사). = (명사)가 보여.

→ I see you. (네가 보여.)

→ I see a crack here. (여기 금이 보여요.)

1 내 신용카드는 그 소파 위에 있어. = _____

2 제가 이걸 표시해둬야만 하나요? = _____

3 네 친구들이 보이니? = _____

4 여기 얼룩이 보여요. = _____

My credit card is on the sofa. | Do I have to mark this down? | Do you see your friends? | I see a stain here.

STEP 1

A Guess what! Someone offered me a _____!
(맞혀봐요! 누군가 내게 일자리를 제안했어요!)

B Oh, _____! I'm so happy for you! (오, 마침내! 너무 잘됐어요!)

A It was my ____-_____! (그건 내 전 직장 상사였어요.)

B I'm so proud of you, _____! (당신이 엄청 자랑스러워요, 여보!)

STEP 2

• **job** | 직업, 일자리

→ I have to find a job. (난 직업을 찾아야만 해.)

→ Does Wendy have a job? (Wendy는 직업이 있니?)

• **finally** | 마침내

→ We are finally here! (마침내 여기 왔네! / 마침내 도착했네!)

→ It's finally over. (그게 마침내 끝났어.)

• **ex-boss** | 전 직장 상사

→ Is she your ex-boss? (그녀가 네 전 직장 상사니?)

→ My ex-boss was a generous man. (내 전 직장 상사는 관대한 사람이었어.)

• **honey** | 자기야, 여보, 애야

→ Where are you, honey? (자기야, 어디야?)

→ Honey, we need more water. (여보, 우리 물이 더 필요해요.)

A Guess what! Someone offered me a job!

(맞혀봐요! 누군가 내게 일자리를 제안했어요!)

Guess what! = 맞혀봐요! / 있잖아요!

→ Guess what! I have a girlfriend! (맞혀봐! 나 여자 친구 생겼어!)

→ Guess what. / What…. (있잖아. / 뭐….)

B Oh, finally! I'm so happy for you! (오, 마침내! 너무 잘됐어요!)

be happy for (사람) = (사람)에게 잘됐다

→ I am happy for you two. (너희 둘에게 잘됐다.)

→ I am happy for all of you. (너희 모두에게 잘됐어.)

A It was my ex-boss! (그건 내 전 직장 상사였어요.)

ex-(명사) = 전에 알고 지낸 (명사)

→ He is my ex-boyfriend. (그는 내 전 남자 친구야.)

→ She is my ex-wife. (그녀는 내 전 부인이야.)

B I'm so proud of you, honey! (당신이 엄청 자랑스러워요, 여보!)

be proud of (명사) = (명사)가 자랑스럽다

→ I am proud of my daughter. (난 내 딸이 자랑스러워.)

→ Mayu is proud of his students. (마유는 그의 학생들이 자랑스러워.)

DAY 126

당신이 엄청 자랑스러워요, 여보!

1 맞혀봐! 나 차 샀어! =_____

2 Kate에게 잘됐다. =_____

3 넌 내 전 직장 상사를 아니? =_____

4 Mini는 그녀의 딸을 자랑스러워해. =_____

Guess what! I bought a car! | I am happy for Kate. | Do you know my ex-boss? | Mini is proud of her daughter.

STEP 1

A Do you _____ snowboarding? (너 스노보드 타는 거 즐기니?)

B I've _____ tried it. (절대 시도해본 적이 없어.)

B Are you _____ at it? (너 잘 타?)

A I'm okay. I used to _____ snowboarding.
(그냥 괜찮아. 스노보드를 가르치곤 했지.)

STEP 2

• **enjoy** | 즐기다

→ I enjoy hip hop music. (난 힙합 음악을 즐겨.)

→ Do you enjoy watching this show? (넌 이 쇼를 보는 걸 즐기니?)

• **never** | 절대 아닌

→ I never lie to anyone. (난 절대 아무에게도 거짓말 안 해.)

→ She never calls me first. (그녀는 절대 내게 먼저 전화 안 해.)

• **good** | 잘하는, 좋은

→ You are pretty good! (너 꽤 잘한다!)

→ I am not good at sports. (난 스포츠를 잘 못 해.)

• **teach** | 가르치다

→ Who taught you English? (누가 너에게 영어를 가르쳐줬니?)

→ Can you teach me English? (저에게 영어를 가르쳐줄 수 있나요?)

A **Do you enjoy snowboarding?** (너 스노보드 타는 거 즐기니?)

enjoy (~ing) = (~ing)하는 걸 즐기다

→ I enjoy listening to music. (난 음악 듣는 걸 즐겨.)

→ She enjoys talking to her friends. (그녀는 친구들과 얘기하는 걸 즐겨.)

B **I've never tried it.** (절대 시도해본 적이 없어.)

have never (p.p.) = 절대 (p.p.)해본 적 없다

→ I have never learned Spanish. (난 스페인어를 절대 배워본 적 없어.)

→ Henry has never tried bulgogi. (Henry는 절대 불고기를 먹어본 적 없어.)

B **Are you good at it?** (너 잘 타?)

be good at (명사) = (명사)를 잘하다

→ I am good at basketball. (난 농구를 잘해.)

→ Are you good at skiing? (넌 스키 타는 걸 잘하니?)

A **I'm okay. I used to teach snowboarding.**

(그냥 괜찮아. 스노보드를 가르치곤 했지.)

used to (동사원형) = (동사원형)하곤 했다

→ I used to live with my brother. (난 우리 형이랑 살곤 했어.)

→ She used to be mean. (그녀는 못되게 굴곤 했어.)

1 우린 함께 노래하는 걸 즐겨. =＿＿＿＿＿＿＿＿＿＿＿＿＿＿

2 난 절대 수학을 공부해본 적 없어. =＿＿＿＿＿＿＿＿＿＿＿＿＿

3 넌 요리하는 걸 잘하니? =＿＿＿＿＿＿＿＿＿＿＿＿＿＿＿＿

4 우린 서로를 사랑하곤 했어. =＿＿＿＿＿＿＿＿＿＿＿＿＿＿＿

We used to love each other.

We enjoy singing together. | I have never studied math. | Are you good at cooking? |

전혀 방수가 아니에요

_쇼핑

STEP 1

A _____ to Peter's Winter Sports Gear.
(Peter's Winter Sports Gear에 오신 걸 환영합니다.)

B I'm here to return these _____. (이 장갑을 반품하려고 왔어요.)

A What's _____ with them? (뭐가 잘못됐죠?)

B These are not _____-_____ at all. (이건 전혀 방수가 아니에요.)

STEP 2

• **welcome** | 환영하다
  → Welcome to Korea. (한국으로 환영합니다.)
  → They welcomed us. (그들은 우리를 환영했어.)

• **glove(s)** | 장갑
  → I need ski gloves. (난 스키 장갑이 필요해.)
  → I lost one of the gloves. (난 장갑 한쪽을 잃어버렸어.)

• **wrong** | 잘못된, 틀린
  → That's totally wrong. (그건 완전 잘못됐어.)
  → I don't think you are wrong. (난 네가 틀렸다고 생각 안 해.)

• **water-proof** | 방수의
  → This is a water-proof jacket. (이건 방수 재킷이야.)
  → I bought water-proof sneakers. (난 방수 운동화를 샀어.)

A Welcome to Peter's Winter Sports Gear.

(Peter's Winter Sports Gear에 오신 걸 환영합니다.)

Welcome to (명사). = (명사)로 환영합니다. / 오신 걸 환영합니다.

→ Welcome to my world. (내 세상에 온 걸 환영한다.)

→ Welcome to the family. (가족으로 환영한다.)

B I'm here to return these gloves. (이 장갑을 반품하려고 왔어요.)

I'm here to (동사원형). = (동사원형)하려고 왔어요.

→ I'm here to see you. (난 널 보려고 왔어.)

→ I'm here to send this letter. (전 이 편지를 보내려고 왔어요.)

A What's wrong with them? (뭐가 잘못됐죠?)

What's wrong with (명사)? = (명사)가 뭐가 잘못됐죠?

→ What's wrong with the pants? (그 바지가 뭐가 잘못됐죠?)

→ What's wrong with this hard drive? (이 하드 드라이브가 뭐가 잘못됐죠?)

B These are not water-proof at all. (이건 전혀 방수가 아니에요.)

not~at all = 조금도 ~아닌 / 전혀 ~아닌

→ I am not hungry at all. (난 조금도 배가 안 고파.)

→ I didn't sleep at all. (난 조금도 안 잤어.)

1 Toronto에 오신 걸 환영합니다. =_____

2 전 이 소포를 보내려고 왔어요. =_____

3 이 청바지가 뭐가 잘못됐죠? =_____

4 우린 조금도 안 피곤해. =_____

We are not tired at all.
Welcome to Toronto. | I'm here to send this package. | What's wrong with these jeans? |

DAY 128

전혀 방수가 아니에요

너 이미 나한테 점심 사줬잖아

_식당

STEP 1

A I'll take care of the _____. (내가 계산할게.)
B You already _____ me lunch. (너 이미 나한테 점심 사줬잖아.)
B _____ is on me. (저녁은 내가 살게.)
A Are you _____? Well, if you insist. (확실해? 뭐, 정 그렇다면.)

STEP 2

• **bill** | 청구서, 계산서
   → Did you pay the bill? (너 계산서 지불했니?)
   → I have to pay the bill by tomorrow. (나 그 청구서 내일까지 내야만 해.)

• **buy** | 사다
   → Buy me dinner. (나에게 저녁을 사줘.)
   → I bought a used camera. (난 중고 카메라를 샀어.)

• **dinner** | 저녁식사
   → Let me buy you dinner. (내가 저녁을 사줄게.)
   → Let's have dinner together. (저녁 같이 먹자.)

• **sure** | 확신하는
   → I am pretty sure. (꽤 확신해.)
   → I am sure they are okay. (그들은 분명히 괜찮을 거야.)

A I'll take care of the bill. (내가 계산할게.)

take care of (명사) = (명사)를 알아서 처리하다

→ I took care of the problem. (내가 그 문제를 알아서 처리했어.)

→ My boss took care of the bill. (우리 상사가 그 계산서를 처리했어. / 계산했어.)

B You already bought me lunch. (너 이미 나한테 점심 사줬잖아.)

buy (사람) (명사) = (사람)에게 (명사)를 사주다

→ Mini bought Peter dinner. (Mini는 Peter에게 저녁을 사줬어.)

→ Can I buy you brunch? (내가 너에게 브런치를 사줘도 돼?)

B Dinner is on me. (저녁은 내가 살게.)

(식사) is on (사람). = (식사)는 (사람)이 낼 것이다.

→ Brunch is on me. (브런치는 내가 낼게.)

→ Dinner is on us. (저녁은 저희가 낼게요.)

A Are you sure? Well, if you insist. (확실해? 뭐, 정 그렇다면.)

If you insist. = 정 그렇다면.

→ Okay. If you insist! (좋아요. 정 그러시다면!)

→ If you insist! But lunch is on me. (정 그렇다면! 하지만 점심은 내가 낼게.)

DAY 129

너 이미 나한테 점심 사줬잖아!

1 내가 그걸 처리할 수 있어. =_____

2 내게 아침을 사줘. =_____

3 아침은 내가 낼게. =_____

4 정 그러시다면. =_____

I can take care of it. | Buy me breakfast. | Breakfast is on me. | If you insist.

Lion King이 내 버킷리스트에 있지 _여행

STEP 1

A I'm eager to see a Broadway _____. (나 브로드웨이 뮤지컬 엄청 보고 싶어.)

B _____ here. But they're expensive. (나도 그래. 그런데 비싸.)

A What do you want to see _____? (넌 뭘 가장 보고 싶어?)

B Lion King is on my bucket _____. (Lion King이 내 버킷리스트에 있지.)

STEP 2

• **musical** | 뮤지컬
  → What's your favorite musical? (네가 가장 좋아하는 뮤지컬은 뭐야?)
  → Let's go see a musical. (가서 뮤지컬을 보자.)

• **same** | 같은
  → These are the same colors. (이건 같은 색이야.)
  → I have the same model. (나도 같은 모델을 가지고 있어.)

• **most** | 가장
  → I like this shape most. (난 이 모양이 가장 좋아.)
  → Which one do you like most? (넌 어느 게 가장 마음에 들어?)

• **list** | 목록, 명단
  → Your name is not on the list. (손님의 성함이 명단에 없습니다.)
  → What's on the list? (목록에 뭐가 있니?)

A I'm eager to see a Broadway Musical. (나 브로드웨이 뮤지컬 엄청 보고 싶어.)

be eager to (동사원형) = (동사원형)하길 갈망하다

→ I am eager to practice this pattern. (난 이 패턴을 엄청 연습하고 싶어.)

→ We are eager to see you guys. (우린 여러분을 엄청 보고 싶어요.)

B Same here. But they're expensive. (나도 그래. 그런데 비싸.)

Same here. = 나도 그래.

→ I'm tired. / Same here. (나 피곤해. / 나도 그래.)

→ I worked yesterday. / Same here. (나 어제 일했어. / 나도 그래.)

A What do you want to see most? (넌 뭘 가장 보고 싶어?)

What do you want to (동사원형) most? = 넌 뭘 가장 (동사원형)하고 싶니?

→ What do you want to eat most? (넌 뭘 가장 먹고 싶니?)

→ What do you want to drink most? (넌 뭘 가장 마시고 싶니?)

B Lion King is on my bucket list. (Lion King이 내 버킷리스트에 있지.)

bucket list = 죽기 전에 꼭 해보고 싶은 것의 목록

→ What's on your bucket list? (네 버킷리스트에는 뭐가 있니?)

→ Guam is on my bucket list. (Guam이 내 버킷리스트에 있어.)

STEP 4

1 난 이 영화를 엄청 보고 싶어. =_____

2 난 행복해. / 나도 그래. =_____

3 넌 뭘 가장 관람하고 싶니? =_____

4 Greece가 내 버킷리스트에 있어. =_____

I am eager to watch this movie. | I am happy. / Same here. | What do you want to watch most? | Greece is on my bucket list.

EBS 왕초보영어 2019 · 하편

초판1쇄 발행 2019년 8월 16일
초판4쇄 발행 2019년 9월 5일

기획 EBS미디어
지은이 마스터유진

발행인 신상철
편집인 이창훈
편집장 신수경
편집 정혜리 김혜연
디자인 디자인 봄에
마케팅 안영배 신지애
제작 주진만

발행처 (주)서울문화사
등록일 1988년 12월 16일 | 등록번호 제2-484호
주소 서울시 용산구 한강대로 43길 5 (우)04376
문의 02-791-0762
팩시밀리 02-3278-5555
이메일 book@seoulmedia.co.kr
블로그 smgbooks.blog.me
페이스북 www.facebook.com/smgbooks/

ISBN 979-11-6438-010-7 (13740)